# Australien · Die Naturwunder

Matthias Breiter  Peter Walton

Mondo-Verlag

## Inhaltsverzeichnis

**Einleitung**  Seiten 5–20

### Der rote Kontinent – eine Welt abseits vom allgemeinen Strom des Lebens

Der Weg Australiens durch die Jahrmillionen der Erdgeschichte bis zur Gegenwart

**Erstes Kapitel**  Seiten 21–33

### Der Nordosten: Tropisches Paradies zwischen Korallenmeer und Regenwald

Vom Großen Barriereriff vor der Küste Queenslands über Kap Tribulation und
Daintree National Park auf der Kap York Peninsula bis zu den Glashausbergen nahe Brisbane

**Zweites Kapitel**  Seiten 34–47

### Der Südosten: Der Garten des Inselkontinents

Von der zerklüfteten Küste von Neusüdwales und Victoria über die Blauen Berge
und den wilden Südwesten Tasmaniens hinauf in die luftige Höhe der australischen Alpen

**Drittes Kapitel**  Seiten 48–57

### Der Süden: Sonnenverbranntes Land in Gelb und fahlem Grün

Von Kangaroo Island südlich von Adelaide in einem weiten Bogen über die Flinders Ranges
und Lake Mungo zur Endlosigkeit der Nullarbor Plain

**Viertes Kapitel**  Seiten 58–75

### Das Zentrum: Das rote Herz des Kontinents

Von Ayers Rock und den Olgas über die MacDonnell Ranges und die Devils Marbles
hinauf zu den Felskuppeln der Bungle Bungles

**Fünftes Kapitel**  Seiten 76–87

### Der Norden: Das Land unter dem Regenbogen

Vom Kakadu und Litchfield National Park im sogenannten Top End bis hinüber
in die Kimberley Region Westaustraliens

**Sechstes Kapitel**  Seiten 88–99

### Der Westen: Landschaftliche Vielfalt am Indischen Ozean

Von der Pilbara im Norden über die weitestgehend unberührte Küste Westaustraliens
mit Ningaloo Riff und der Pinnacles Desert bis hinunter zu den Blumengärten bei
Pemberton im äußersten Südwesten des Kontinents

**Anhang**  Seiten 100–107

### Natur und Naturschutz am anderen Ende der Welt

Das Klima, die Geographie, die Fauna, die Flora und das Nationalparksystem des 5. Kontinents

# Einleitung

## Der rote Kontinent – eine Welt abseits vom allgemeinen Strom des Lebens

Ein fernes Donnern rollt über das grüne Gras der Überflutungsebenen und bricht sich an den roten Klippen des Arnhemland Escarpments. Gewaltige Gewittertürme erheben sich gegen die tiefstehende Sonne. Blitze durchzucken ihre weiße Front, und im Schatten der mächtigen Amboßwolken fällt der Regen in einem dichten Schleier, hinter dem das Land verschwimmt. Die Luft ist geschwängert vom süßlichen Duft zahlloser Blüten. Am Rande der Feuchtgebiete erhebt sich ein Felsen aus dem Meer von Eukalyptusbäumen und mannshohem Speergras. Einst war er Teil des Arnhemland-Plateaus, doch die Erosion hat ihn zu einer Insel auf einer von Savanne und endlosen Sümpfen bedeckten Ebene werden lassen. Die Aborigines vom Stamm der Gagudju, denen dieses Land gehört, nennen diesen Monolith Obiri. Ein schmaler Pfad führt auf ihn hinauf, bis er in etwa 30 Meter Höhe auf einer breiten Steinplatte endet. Von hier oben erhält das Wüten der Elemente eine neue Dimension. Man wird zum Zuschauer in einem überwältigenden Naturspektakel. Unbehindert durch Felsen oder Vegetation, die die Sicht versperren könnten, schweift der Blick in die Ferne und verliert sich am Horizont.

An einem solchen Nachmittag zu Anfang der Monsunzeit verliert Zeit auf Obiri ihren Wert. Man fühlt sich an den Anfang allen Seins zurückversetzt. Einige Orte in Australien, wie zum Beispiel auch Uluru* – den meisten besser bekannt unter dem Namen Ayers Rock –, besitzen diesen zeitlosen Charakter. Die Uhr des Lebens scheint hier ihrem eigenen Schlagrhythmus zu folgen, unbeeinflußt von der Welt jenseits der Küsten des Inselkontinents. Weder von Obiri, der sich im hohen Norden befindet, dort wo das Klima vom halbjährlichen Wechsel zwischen ausgeprägten Regen- und Trockenzeiten dominiert wird, noch von Uluru im roten Herzen des Landes hatten die frühen europäischen Entdecker je gehört, als sie sich in der zweiten Hälfte des 18. Jahrhunderts zum ersten Mal der Ostküste näherten. Es sollten noch fast hundert Jahre vergehen, bevor sich die neuen Siedler in das harsche Innere des Kontinents vorwagten. Aber auch ohne daß sie sich weiter als wenige Wegstunden von ihrem Schiff entfernten, wurde den weißen Besuchern schnell bewußt, daß sie hier auf ein Land gestoßen waren, in dem der Strom des Lebens sich seinen eigenen Pfad gebahnt hat. Wie sonst wären all die absonderlichen Tiere und Pflanzen, die sie auf ihren Erkundungstouren entdeckten, zu erklären? Hier warfen die Bäume in den Wäldern nicht ihr Laub, sondern die Rinde ab. Eigenartige Tiere, die ihre Jungen in einer Tasche am Bauch trugen, hüpften auf zwei Beinen durch den Busch. Und als Berichte von einem Säugetier, das Eier legt und zusätzlich noch einen breiten Schnabel besitzt, England erreichten, hielt man die Nachricht anfangs für einen Scherz. Die Möglichkeit einer zweiten, separaten Schöpfung wurde von einigen ernsthaft erörtert. Die Ausbildung eines Evolutionsgedankens lag damals noch in weiter Ferne. Doch hätte er wohl auch wenig genutzt, denn wie hätte man die Entwicklung einer Fauna und Flora erklären sollen, die keinerlei Ähnlichkeit zu haben schien mit allem, was man kannte. Hinzu kommt, daß nicht nur die Bewohner des 5. Kontinents Anlaß zur Verwunderung boten. Auch wenn dies an der Ostküste bei weitem nicht so stark ausgeprägt ist wie weiter im Westen und im Norden, so besitzen die Ebenen, Täler und Berge hier ebenfalls einen ungewohnten Charakter und hinterlassen den Eindruck einer unsagbar alten und verwitterten Landschaft, die der Zahn der Zeit ihrer Kanten und Ecken beraubt hat.

Hinweise auf die Entwicklung des Lebens in Australien sind bei Obiri dünn gesät. Insbesondere wenn man in die biologische Frühgeschichte eintauchen will, wird man hier vergeblich nach Antworten suchen. Keinerlei versteinerte Zeugen aus der Urzeit liegen im Gestein verborgen. Der Fels ist

---

*Uluru bedeutet «Immerwährend» in der Sprache der im Zentrum Australiens lebenden Aborigines

einfach zu alt. Als die Sedimente, die Obiri aufbauen, abgelagert wurden, war alles irdische Leben auf primitive, einzellige Organismen beschränkt, die noch nicht einmal einen Zellkern besaßen. Es sollten noch 1300 Millionen Jahre vergehen, bis die ersten Landpflanzen auf der Bildfläche erschienen. Obiri ist das Kind eines gewaltigen Flußsystems, das sich vor über 1,6 Milliarden Jahren seines Ballastes hier entledigte. Aber wenn sich auch die Herkunft der belebten Natur anhand von Obiri nicht näher beleuchten läßt, so hält der Fels doch den Schlüssel für das Rätsel der Evolution der Landschaft.

Wie die leeren Seiten eines prähistorischen Geschichtsbuches liegen die einzelnen Lagen aus feinem Sand und Kieseln fest verbacken aufeinander. Was dem Laien allerdings entgeht, findet größtes Interesse beim Fachmann: Die Sedimentschichten verlaufen genau waagerecht, und die Seiten des Buchs wurden nie aufgefaltet oder zerknüllt. Seit seiner Entstehung hat der Fels die Äonen praktisch unversehrt überdauert. Die Region ist seitdem tektonisch stabil geblieben. Aktivitäten in der Erdkruste beschränkten sich auf andere Schauplätze. Und so haben hier keine Berge ihre Zinnen gegen den Himmel zu strecken begonnen, und es bildeten sich keine größeren Schwachstellen im Gestein aus, an denen entlang Magma aus dem Erdinneren zur Oberfläche hätte gelangen können.

Obiri ist sicherlich ein Extremfall, aber trotzdem richtungweisend. Große geologische Stabilität läßt sich für fast den gesamten Kontinent nachweisen. Mt Kosciusko im Südosten und mit 2228 Metern der höchste Gipfel des Landes ist zum Beispiel Teil eines Gebirges, das vor 300 Millionen Jahren angehoben wurde. Damit besitzt Mt Kosciusko für australische Verhältnisse ein fast jugendliches Alter. Vergleicht man ihn jedoch mit Gipfeln in anderen Teilen der Welt, so

relativiert sich dies. Gebirge wie der Himalaja und unsere Alpen sind wesentlich später entstanden. Das generell hohe Alter der Landschaft ließ der Erosion Zeit im Überfluß, um Berge abzutragen und Täler aufzufüllen. Was blieb, waren niedrige, abgerundete Hügel und endlose Ebenen, die heute das Erscheinungsbild des Landes in weiten Teilen des Kontinents prägen. Eine weitere Auswirkung der geologischen Stabilität der australischen Landmasse ist auf den ersten Blick weniger offensichtlich. Umwälzungen in der Erdkruste wirken wie das Pflügen eines Ackers. Nährstoffe aus der Tiefe des Bodens werden nach oben gebracht. Das Land wird erneuert. So ist es nicht verwunderlich, daß dieser Erdteil durch extrem nährstoffarme Böden gekennzeichnet ist. Das Erdreich ist ausgelaugt, und die Vegetation mußte sich diesen schwierigen Bedingungen anpassen. Ursprünglich betrachtete man das harte Laub der Eukalyptusbäume oder die reduzierten Blätter der Akazien und Grevilleaceen als Antwort auf das trockene Klima, doch inzwischen ist man der Ansicht, daß die Entwicklung dieser Charakteristika in erster Linie mit der Nährstoffarmut der Unterlage zusammenhängt.

Für die ersten Siedler in dem neuen Land waren die Hintergründe für die Entwicklung der Landschaft sicherlich allgemein von geringem Interesse, und als Ende 1845 der deutsche Abenteurer Ludwig Leichhardt als erster Weißer Obiri zu Gesicht bekam, schenkte er dem Felsen nur wenig Beachtung. Seine Aufmerksamkeit galt dem überschwenglichen Reichtum der Natur, den Millionen von Wasservögeln auf den Feuchtgebieten und den Gruppen von Känguruhs und Wallabies, die entlang den Billabongs das frische Grün abweideten. Auch zu Ludwig Leichhardts Zeiten, fast 60 Jahre nach der Gründung der Kolonie Neusüdwales, war man aber einer Erklärung für die eigentümliche Tier- und Pflanzenwelt des Kontinents nicht viel näher gekommen. Die Grundlagen für ein Verständnis seiner Natur waren noch nicht bekannt. Es sollten noch weitere 27 Jahre vergehen, bis der erste bedeutende Schritt in Richtung einer Lösung des Rätsels gemacht wurde, und erstaunlicherweise wurde dieser Meilenstein in der Erforschung der biologischen Entwicklungsgeschichte des Inselkontinents nicht in Australien, sondern in Indien gelegt.

Im Jahre 1872 veröffentlichten die britischen Geologen H.B. Medicott und W.T. Blandford ein Handbuch zur Geologie Indiens. In ihm beschrieben sie eine bedeutende Felsformation, die sie im Narbadatal südlich des Himalaja entdeckt hatten. Nach den einstigen Bewohnern der Region nannten sie diese Sequenz von Gesteinsschichten Gondwana – Land der Gond. Später fand man ähnliche Schichten in Südamerika, Südafrika, Madagaskar, Australien und sogar in der Antarktis. Die Entdeckung vergleichbarer Gesteinsformationen auf heute weit voneinander entfernten Kontinenten und die Übereinstimmungen zwischen darin enthaltenen Fossilien brachten schließlich Alfred Wegener zu der

Überzeugung, daß Kontinente keine standorttreuen Landmassen sind, sondern sich über den Globus hinwegbewegen. Im Jahr 1912 veröffentlichte er sein Buch *Die Entstehung der Kontinente und Ozeane.* Die Theorie der Kontinentaldrift war geboren. Zu Anfang fand sie wenige Anhänger, aber als sich die Beweise zu mehren begannen, konnten bald keine Zweifel mehr bestehen, daß in ferner Vergangenheit die Kontinente anders angeordnet waren als heute. Und zudem wurde es mit Hilfe dieser neuen Lehrmeinung plötzlich möglich, die Verbreitung bestimmter Tiere und Pflanzen zu erklären.

Im 17. und 18. Jahrhundert existierte der Glaube, daß auf der Südhalbkugel um den Pol herum eine riesige Landmasse vorhanden sein müsse, um als Gegengewicht für die kontinentale Masse von Nordamerika, Europa und Asien zu fungieren. Expeditionen wurden ausgesandt, um den großen Südkontinent zu finden. Anstelle des sagenumwobenen Südlandes fanden sie endlosen Ozean und einsame, sturmumtoste Inseln. Die wagemutigen Forscher waren zu spät gekommen – über 100 Millionen Jahre zu spät. Wären sie weitere 200 Millionen Jahre früher gekommen, dann hätten sie sogar auf ein Schiff verzichten können, denn damals waren alle Kontinente in einer einzigen Landmasse vereinigt. Geologen nennen heute diesen ehemaligen Megakontinent Pangäa. Er war Schauplatz der frühen Entwicklung der Landtiere. Ohne Meere, die Barrieren hätten darstellen können, waren Arten, die in einer Region Pangäas vorkamen, grundsätzlich in der Lage, sich über alle bedeutenden Landmassen unserer Erde auszubreiten. Doch mit diesem offenen Grenzverkehr war es vor etwa 170 Millionen Jahren vorbei. Pangäa zerbrach in zwei Teile, einen nördlichen, Laurasia genannt, der Nordamerika, Grönland und Eurasien umfaßte, und einen südlichen, den man nach der in Indien entdeckten Gesteinssequenz Gondwana taufte. Zu Gondwana gehörten alle heutigen Südkontinente einschließlich der Antarktis und auch Indien, das sich erst wesentlich später dem asiatischen Festland anschloß.

Durch Meere getrennt, beschritten Laurasia und Gondwana im folgenden ihre eigenen Wege in der Evolution. Die Ausgangsposition auf beiden Landmassen war identisch gewesen, doch im Endprodukt unterschieden sie sich deutlich. Das Resultat dieser getrennten Entwicklung ist das sogenannte Gondwana-Element in der Fauna und Flora der südlichen Hemisphäre: Tier- und Pflanzenarten, -gattungen, -familien oder gar -ordnungen, die den Südkontinenten gemeinsam sind, aber auf der nördlichen Hemisphäre ganz oder zumindest weitestgehend fehlen. Hierzu gehören zum Beispiel die großen flugunfähigen Laufvögel, in Südamerika vertreten durch den Nandu, in Afrika durch den Strauß und in Australien durch den Emu. Papageien werden ebenfalls dieser Kategorie zugerechnet, haben sich aber seitdem auch in Regionen ausgebreitet, die früher ein Teil Laurasias gewesen sind. Die Wirbeltiere mit der deutlichsten Gondwana-Verbindung sind zweifelsohne die Beuteltiere. Zum Erstaunen vieler sind sie keineswegs alleine auf den australischen Raum beschränkt, auch wenn sie hier heute ihre stärkste Verbreitung besitzen. Etwa ein Drittel aller Beuteltierarten hat in Südamerika ihr Zuhause. Es hat sich sogar herausgestellt, daß Beuteltiere ebenfalls auf die lange Liste der Einwanderer gehören, nur daß sie sich dem Inselkontinent schon anschlossen, bevor er als eigenständige Landmasse seine Reise über den Ozean antrat. Versteinerungen deuten darauf hin, daß die Wiege der Beuteltiere in Nordamerika stand. Nach Australien kamen die Vorfahren der Känguruhs und Koalas via Südamerika, das über eine schmale Landbrücke für kurze Zeit wieder Verbindung mit Laurasia hatte. In ihrer ursprünglichen Heimat entwickelten sich die Beuteltiere hingegen nie zu großer Blüte und erlagen schließlich der Konkurrenz durch höhere Säugetiere.

Sitzt man oben auf Obiri, wenn der Regen das Land ertränkt, so ziehen leuchtendgelbe Farbtupfer an den Rändern der Feuchtgebiete die Aufmerksamkeit der Besucher auf sich. Mit ausreichend Wasser versorgt, beginnen um diese Jahreszeit die Sumpfbanksien mit einer extravaganten Blumenpracht um die Gunst von Bestäubern zu werben. Aber nicht nur Tiere auf der Suche nach Nektar finden diese Sträucher und kleinen Bäume unwiderstehlich. Als Captain Cook 1770 mit seinem Schiff *Endeavour* von Tahiti kommend die Ostküste anlief, hatte er noch nie etwas von Banksien gehört. Wenige Wochen später, als die *Endeavour* wieder aus Botany Bay, nahe dem heutigen Sydney, heraussegelte, war die Schiffsladung um einige Exemplare dieser Pflanzengruppe reicher. Zur wissenschaftlichen Entourage des Unternehmens gehörte der Botaniker Joseph Banks, dem die Sträucher später auch ihren Namen verdanken sollten. Banks hatte von seinen Landausflügen eine kleine Sammlung dieser

herrlichen Pflanzen mitgebracht. Sorgfältig verpackt, verstaute er sie an Bord, um sie zur näheren Untersuchung mit nach England zurückzunehmen, wo sie großes Aufsehen erregen sollten.

Banksien wie auch die Eukalypten, Akazien und Grevilleaceen gehören zu den Gewächsen, die dem australischen Busch seinen typischen Charakter geben. Und auch ihre Geschichte wie die der Beuteltiere und der großen Laufvögel ist eng mit Gondwana verknüpft. Vor etwa 120 Millionen Jahren betrat im Westen Gondwanas, dort wo der nördliche Teil von Südamerika mit Afrika verbunden war, zum ersten Mal eine neue und, wie sich zeigen sollte, extrem erfolgreiche Pflanzengruppe die Bühne der Welt. Die Bedecktsamer begannen ihren Siegeszug anzutreten. Bei ihrer ersten Ausbreitungswelle machten sie sich wie auch die Beuteltiere eine Landverbindung mit dem nordamerikanischen Kontinent zunutze, nur daß die Invasion in der umgekehrten Richtung ablief. Anschließend beschritten die Bedecktsamer in der nördlichen und südlichen Hemisphäre allerdings getrennte Pfade. In Gondwana breiteten sie sich schnell über den Kontinent aus und erreichten schließlich auch den nordöstlichen Teil des heutigen Australiens. Und hier in seinen tropischen Regenwäldern haben sich bis heute einige der ursprünglichsten Bedecktsamer gehalten. Die Artenfülle der Bedecktsamer oder Angiospermen – man kennt inzwischen mehr als 235000 Arten – ordnet man in über 450 Familien ein. 19 davon umfassen Pflanzen, die verhältnismäßig nahe der Ausgangsform sind, und 13 dieser 19 Familien kommen in den sogenannten Wet Tropics im östlichen Queensland vor. Vermutlich haben sie dort aufgrund relativ gleichbleibender Bedingungen die Jahrmillionen fast unverändert überstanden. In anderen Teilen des Kontinents begann sich in zunehmender Isolation die moderne Flora des Landes aus dem vorhandenen Grundstock zu entwickeln.

Gondwana, wie zuvor Pangäa, begann nämlich auseinanderzubrechen. Afrika begab sich zuerst auf die Reise, dann folgte Indien und vor 70 Millionen Jahren Neuseeland. 5 Millionen Jahre später verschwanden die Dinosaurier für immer von der Erde und machten den Weg frei für die Eroberung der Welt durch die Säugetiere. In Südamerika, der Antarktis und in Australien waren dies mangels Konkurrenz die Beuteltiere. Schließlich setzte vor 45 Millionen Jahren auch Australien Segel und machte sich auf den Weg nach Norden. Doch bei einer Reisegeschwindigkeit von 10 Zentimetern im Jahr kam man nur langsam voran, und so hatte die Besatzung der kontinentalen Arche viel Zeit, alle ökologischen Nischen zu besetzen, die das Land zur Verfügung hatte. Zu Anfang war das Klima noch feuchtwarm, aber aufgrund mehrerer Faktoren, unter anderem der Entstehung des Hochlandes von Neuguinea vor etwa 15 Millionen Jahren, wodurch der Nordosten in den Regenschatten der Berge geriet und tropische Zyklone ferngehalten wurden, trocknete der Kontinent zusehends aus. Auch setzte ein allgemeiner Abkühlungstrend ein. Wüsten begannen sich im Zentrum auszubreiten und halten das Herz des Landes weiterhin gefangen. Mit dem Rückzug der Regenwälder erfolgte in den klimatischen Randzonen aus der gondwanischen Erbmasse die Evolution der heute dominierenden Vegetation mit Arten, die der Trockenheit und der Nährstoffarmut des Bodens angepaßt sind. Die größte Gruppe bilden die Akazien mit 900 Arten. Erst dann kommen die Eukalypten mit etwa 450 Arten.

Einige der ersten Tiere, die der weiße Mann – wenn auch unbeabsichtigt – einführte, waren Mäuse und Ratten, die sich von den vor Land liegenden Schiffen stahlen. Dem verführerischen Lockduft einer verheißungsvollen, neuen Heimat erlegen, stellten für diese unerwünschten Expeditionsbegleiter sogar mehrere Kilometer offenes Meer kein unüberwindliches Hindernis dar. Diese Neubürger aus der Familie der Nager konnten allerdings keineswegs für sich in Anspruch nehmen, die ersten höheren Säugetiere auf dem Kontinent zu sein, selbst wenn man den Menschen nicht mit in Betracht zieht. In den ersten 15 Millionen Jahren nach der Trennung von der Antarktis hatten die Passagiere ihr kontinentales Schiff

für sich alleine. Vor 30 Millionen Jahren begann die Isolation allerdings Risse zu bekommen. Wenn auch langsam, so hatte sich die australische Platte doch stetig Südostasien genähert, bis es schließlich für einige Tiere möglich wurde, die Meeresbarriere zu überbrücken. Die ersten, die kamen, waren Vögel und Fledermäuse. Als sich die Distanz weiter verringerte, erweiterte sich die Liste der Immigranten. Reptilien kamen hinzu, wie zum Beispiel die Vorfahren der Giftnattern. Und schließlich,

> *Vor langer, langer Zeit, als Zeit noch nicht in Tagen oder Jahren gemessen werden konnte, in der Ära vor der Traumzeit, war die Welt noch ein Ort ohne Gestalt. Das Land war konturlos, ohne Flüsse und Berge, und weder im Meer noch an Land gab es Leben. Es existierten keine Fische, kein Gras, keine Vögel. Aber verborgen unter der Erde ruhten die Schöpfungswesen. Der Same des Lebens war immer da.*
> 
> *Dann, zu Beginn der Traumzeit, der Zeit der Genesis, kam ein Schöpfungswesen, eine Frau mit Namen Warramurrungundji, von Norden übers Meer. Ihr Körper war prall gefüllt mit Kindern, und von ihrem Kopf hingen Körbe herab, in denen sich Yamwurzeln und Wasserlilien befanden. Sie gebar die ersten Menschen, lehrte sie ihre Sprachen und zeigte ihnen, wie man jagt und welche Pflanzen eßbar sind. Sie schuf die Flüsse, Billabongs und alles tierische Leben. Warramurrungundjis Reise endete auf den Überflutungsebenen nicht weit von Obiri, wo sie sich in einen Felsen verwandelte, einen Ort, den man heute Inbinjairi nennt.*
> 
> *So trug sich die Schaffung der Welt nach dem Glauben der Gagudju zu.*

vor 15 Millionen Jahren, gelang auch den ersten Nagetieren eine erfolgreiche Landung. Sich an Vegetationsflöße klammernd, waren sie irgendwo im Norden des Kontinents ans Ufer gespült worden. Die Ankömmlinge vermehrten sich rasch, und im Laufe der Zeit entwickelten sich neue Arten. Zum Zeitpunkt der Besiedlung durch den Menschen war der 5. Kontinent daher schon lange nicht mehr alleine in der Hand der Beuteltiere. Einheimische Nagetiere stellten bereits damals ein Viertel der Säugerfauna. Als Treibgut auf den Meeresströmungen reitend, gelangten auch eine Reihe von Pflanzenarten an Australiens Küste. Die meisten stammten aus dem nahen Südostasien, wie zum Beispiel der im Norden weit verbreitete Kapokbaum. Ein Riese der Savanne hatte jedoch eine deutlich längere Anreise. Das Erscheinungsbild des tropischen Graslandes wird in der Kimberley Region über weite Strecken von den imposanten Flaschenstämmen des Boab bestimmt. Wie die Säulen antiker Ruhmeshallen ragen sie aus dem gelben Meer vertrockneter Spinifexgräser. In Derby, einem kleinen Ort im King Sound am Indischen Ozean, verzichteten die Hüter des Gesetzes zu Anfang gar auf den Bau eines Gefängnisses und verwendeten statt dessen den hohlen Stamm eines Boab als zeitweiligen Aufenthaltsort für Trunkenbolde und Unruhestifter. Ein Familientreffen wäre für einen Boab eine aufwendige Sache, da der Baum keine näheren Verwandten auf dem 5. Kontinent besitzt. Die leben alle mehrere tausend Kilometer weiter westlich. Der Boab gehört zu den Affenbrotbäumen, die bis auf diese eine Art auf Afrika und Madagaskar beschränkt sind.

Und schließlich vor nicht allzu langer Zeit, wenn man mit geologischer Elle mißt, tauchte ein wackliges Gefährt am Horizont auf. Als es das Ufer erreicht hatte, sprang eine Gruppe Zweibeiner an Land, und eine neue Ära in der Entwicklung der Tier- und Pflanzenwelt Australiens begann.

Ebenso wie Archäologen in der Lage waren nachzuweisen, daß Homers Ilias und der Odyssee oder auch dem Alten Testament Fakten zugrunde liegen, zeigte es sich, daß im reichen Körper der Mythologie der Aborigines an historische Ereignisse erinnert wird. Die ersten Menschen, die Vorfahren der Aborigines, erreichten vor vielen tausend Jahren von Norden, von den Inseln Südostasiens kommend, die Küste des Inselkontinents. Die Zeit vor ihrer Ankunft versinkt im grauen Nebel der Vorzeit, und für die frühen Siedler war ihr neuer Lebensraum zu Beginn zweifellos ein Land ohne Kontur, das erst Form annahm, als sie begannen, es zu erforschen.

Nur einige hundert Meter von Obiri entfernt, formt eine überhängende Felsplatte ein hohes Dach. Die Gagudju nennen diesen Ort Malangangerr, und noch Anfang der 70er Jahre dieses Jahrhunderts verbrachten sie hier einen Teil der Regenzeit. Malangangerr ist inzwischen von den Gagudju verlassen. Statt dessen fingen Archäologen an, sich für den Boden dieser alten Wohnstätte zu interessieren. Eine tiefe Grube wurde ausgehoben, und Artefakte kamen ans Licht, die über 50 000 Jahre im Erdreich verborgen gelegen hatten. Diese Funde erweisen Malangangerr als den am längsten durchgehend bewohnten Ort unserer Erde, und sie geben Zeugnis von einer Kultur, die ihrer Zeit weit voraus war. Sie lieferten Beweise, daß die Besiedlung Australiens in der Tat die früheste Ausbreitung des Menschen über die zusammenhängende Landmasse von Afrika, Asien und Europa war. Die Vorfahren der Aborigines waren die ersten Seefahrer, die die Welt kannte. Auch wenn damals, während der Eiszeit, der Meeresspiegel bis zu 150 Meter tiefer lag und die Küste 300 Kilometer weiter nördlich verlief, mußte doch noch immer ein mindestens 70 Kilometer breiter Meeresarm überwunden werden, um den 5. Kontinent zu erreichen. Die

Ahnen der australischen Ureinwohner gehörten zu den technisch höchstentwickelten Menschen ihrer Epoche.

Die weiße Gesellschaft hat lange benötigt, um den Aborigines die Achtung entgegenzubringen, die sie verdienen. Heute würdigen Ethnologen ihr hochkompliziertes Gesellschaftssystem, ihre reiche Mythologie und ihre Kunst und bezeichnen sie als die Aristokraten der Steinzeit. Und so wie man anfangs ihrer Kultur nur geringen Respekt entgegenbrachte, hat man auch den Einfluß der Aborigines auf ihre Umwelt falsch eingeschätzt. Man hielt sie für einfache Nomaden, die gänzlich den Unwägbarkeiten der Elemente ausgesetzt waren. Es stellte sich allerdings heraus, daß dem absolut nicht so war und daß ein Verständnis der Natur des Landes nicht möglich ist, wenn man die Aborigines ignoriert.

Buschbrände sind in Australien schon immer eine Geißel für Tier und Mensch gewesen. In einem Land, das zum Großteil durch lang anhaltende Trockenperioden gekennzeichnet ist, gehört Feuer zum normalen Rhythmus der Natur. Das Ende der Dürre wird meist von Gewitterstürmen begleitet, und Blitzschlag entzündet die verdorrte Vegetation. Irgendwann, vermutlich bereits vor über 20000 Jahren, sind die Aborigines schließlich dazu übergegangen, das Unvermeidliche unter ihre Kontrolle zu bringen und zu ihren Zwecken zu nutzen: Sie begannen, den Busch regelmäßig nach der Wachstumsphase der Flora und bevor alle Feuchtigkeit dem Boden und den Pflanzen entwichen war, in kleinen Parzellen abzubrennen. Die Temperaturen sind zu dieser Zeit im Jahr noch relativ niedrig, Tau löscht die Brände über Nacht, und die Wasserreserven im Erdreich und in der Vegetation verhindern, daß sich lodernde Feuerstürme entwickeln. Vom brennenden Gras züngeln Flammen zu den Bäumen hinauf, erreichen das Laub aber meist nicht. Unversehrt gebliebener Busch unterbricht abgebrannte Areale und bietet Refugien für die Tiere. Aborigines betrachten dieses Feuerregime als ein Säubern des Landes. In ihren Augen ist das Land vernachlässigt, wenn nicht Brände den Busch regelmäßig ihres Zunders berauben. Die Aborigines sind mittels dieser Landnutzungsmethode in der Lage gewesen, die Savanne und Trockenwälder vor verheerenden Brandkatastrophen zu bewahren und ihre Nahrungsquellen zu schützen. Im Laufe der Jahrhunderte und Jahrtausende hat sich die Vegetation dieser höheren Frequenz von Bränden angepaßt. Arten mit geringer Toleranz gegenüber Feuer verschwanden. Insbesondere der Unterwuchs wurde zurückgehalten. Die offenen Waldgebiete mit den weiten Grasflächen, die heute vielerorts den Busch kennzeichnen, wurden erst von den Aborigines geschaffen. Es ist eine Ironie des Schicksals, daß die von den frühen Siedlern im Südosten des Kontinents so bewunderte parkähnliche Landschaft, die sich hervorragend zur Viehhaltung eignete, ihre Existenz den australischen Ureinwohnern verdankt, die die Weißen wiederum als ignorante Wilde betrachteten. Als dann aber die Aborigines von ihrem Land vertrieben wurden und das System der regelmäßigen Brände endete, versauerte das Gras, Gestrüpp drang in die Weiden ein, und vernichtende Buschfeuer brachten so manchen Farmer um Haus und Vieh. Es dauerte über ein Jahrhundert, bis die europäischen Siedler aus ihren Fehlern gelernt hatten, und heute gehört ein kontrolliertes Feuermanagementsystem, das sich so nah wie möglich an die ursprünglich von den Aborigines praktizierte Methode hält, zu den Verwaltungsaufgaben vieler Nationalparks.

Auf die Tierwelt des Kontinents wirkte sich die Anwesenheit der Aborigines ungleich weniger aus. Obiri wölbt sich an seiner Basis nach innen, und so existiert dort eine weite, geschützte Halle aus Stein. Nach hinten wird sie durch eine hohe, glatte Wand abgeschlossen. Feine Linien zieren sie, verbinden sich mit anderen, formen Figuren, um von anderen, neueren Zeichnungen überdeckt zu werden. Hunderte, wenn nicht Tausende von Einzelbildern vereinen sich hier zu einer überwältigenden Galerie. Geschaffen wurden sie im Laufe von ungezählten Generationen von den Vorfahren der Gagudju. Auch andere Felsen entlang der Abbruchkante des Arnhemland-Plateaus haben sie als Leinwand benutzt, und zusammen stellen die Fundorte eine Pinakothek dar, die sich mit den berühmtesten Museen unserer modernen Welt messen kann. Die einzelnen Darstellungen sind Worte einer Enzyklopädie über eine Kultur, die keine Schrift kannte.

Die ältesten Zeichnungen sind vermutlich vor über 30000 Jahren angefertigt worden. Aber wichtiger noch als ihr Alter ist die Kontinuität dieser Kunsttradition. Der berühmte Fries von Nayambolmi am Fuß von Burrunguy, 30 Kilometer südlich von Obiri, entstand erst 1964. Die stetige Fortführung und Weiterentwicklung der Felsmalerei verleihen Obiri wie auch den anderen Galerien den Charakter eines Bildbandes. Wir können darin blättern, und dem Eingeweihten gewähren die einzelnen Kapitel Einblick in die Naturgeschichte

der Region, wie sie sich über einen Zeitraum von 1500 Generationen abgespielt hat. Die abgebildeten Tiere und Pflanzen liefern Hinweise, wie sich das Klima veränderte, als der Meeresspiegel nach der Eiszeit zu steigen begann, wie aus einer trockenen Inlandsteppe ein tropischer Garten Eden wurde, in dem es Nahrung im Überfluß gab.

Nicht alle bei Obiri dargestellten Tiere bevölkern noch heute die Savannen und Wälder. Manche hauchten ihren letzten Atem zum Höhepunkt der Eiszeit aus. Und am Verschwinden zumindest einer Art waren die Aborigines, wenn auch nur indirekt, maßgeblich beteiligt. Weit oben an der Felswand, gut sechs Meter über dem Boden, malte ein längst vergessener Künstler mit kraftvollen Linien die Umrisse eines Vierbeiners. Die Kontur erinnert an die eines Hundes, und man würde wohl auf einen Dingo tippen, wären da nicht schmale Streifen auf dem Rücken und der Hüfte. Es handelt sich um das Bildnis eines Beutelwolfs, ein Kurzstreckenjäger, der zur Zeit der Besiedlung durch den weißen Mann nur noch auf Tasmanien lebte. Auf dem Festland verschwand der Beutelwolf, nachdem vor etwa 4000 Jahren der erste Dingo an Bord eines Kanus den Kontinent erreicht hatte. Gegenüber einheimischen Nahrungskonkurrenten wie dem Beutelwolf und dem Beutelteufel erwies sich der Dingo als überlegen, und so konnten sich diese beiden Arten nicht halten. Nur auf Tasmanien, wohin der Dingo nie gelangte, überlebten sie bis in die jüngere Vergangenheit. Inzwischen ist der Beutelwolf auch von dort verschwunden, doch hier aufgrund der Verfolgung durch den Menschen zu Ende des letzten und Anfang dieses Jahrhunderts. Schafzüchter sahen in ihm eine Bedrohung für ihre Herden.

Die Gefahr, die der Beutelwolf für die Schafzucht darstellte, wurde mit Sicherheit stark übertrieben. Doch die frühe Besiedlung war allgemein von einer generellen Unkenntnis der einheimischen Flora und Fauna gekennzeichnet. Das Unvermögen der weißen Siedler, sich den neuen Bedingungen anzupassen, sollte schwerwiegende Folgen haben, die auch heute noch zu spüren

sind. Als Ludwig Leichhardt Mitte des 19. Jahrhunderts durch das Land der Gagudju zog, war er in Eile. 15 Monate fern den Bequemlichkeiten der modernen Welt und 4700 Kilometer unerforschter Busch lagen hinter ihm. Ausgelaugt und erschöpft von den Anstrengungen der Expedition, lag ihm wenig daran, in der Region zu verweilen. Ihn trieb es weiter nach Norden, dem Ende seiner Mühen entgegen. Dort, kaum 100 Kilometer von Obiri entfernt, auf der Ostseite der Cobourg Peninsula, lag Port Essington, des weißen Mannes verzweifelter Versuch, an der rauhen Nordküste einen Vorposten der westlichen Zivilisation zu errichten. Das Ziel nahe vor Augen, blieb Leichhardt nur wenige Tage bei den Gagudju. Obiris Felsgalerien hat er vermutlich nie gesehen. Es sollten zwanzig Jahre vergehen, bis der nächste Europäer die Region besuchte. Sein Name war John McKinlay. McKinlay war ausgesandt worden, um einen geeigneten Standort für ein neues Siedlungszentrum im hohen Norden zu finden und gleichzeitig diesen weißen Fleck auf der Landkarte näher zu erkunden. Als er Ende März 1866 mit seinem Expeditionstroß nahe Obiri eintraf, stand ihm jedoch nicht der Sinn danach, sich der Schönheit der Künste zu widmen. Sein Interesse galt einem viel profaneren Problem: dem Überleben. Die Regenzeit hatte mit voller Kraft eingesetzt, und endlose Sümpfe machten sowohl die Umkehr als auch den Weitermarsch vollkommen unmöglich. McKinlay hatte keine andere Wahl, als an Ort und Stelle auszuharren und auf bessere Zeiten

zu hoffen. Anfang Juni waren ihre Vorräte erschöpft. Eine Rückkehr zu ihrem Ausgangspunkt, Adam Bay an der Mündung des Adelaide River 200 Kilometer weiter westlich, war somit auf dem Landweg nicht mehr möglich. McKinlay entschloß sich, die Pferde zu töten, das Fleisch zu trocknen und aus dem Leder ein schwimmfähiges Gefährt zu bauen. Mit diesem ungewöhnlichen Wasserfahrzeug erreichte die Gruppe am 5. Juli tatsächlich Adam Bay. In ihren Reiseberichten wußten die Expeditionsteilnehmer wenig zu berichten, abgesehen von den unbeschreiblichen Schwierigkeiten, die das Land während der Monsunzeit für den Menschen bereithält. Ein halbes Jahr später wurde die Siedlung am Adelaide River aufgegeben. Dasselbe Schicksal hatte bereits 1849 die Niederlassung in Port Essington ereilt. Der Grund für das klägliche Scheitern aller Versuche der Europäer, überlebensfähige Ansiedlungen in diesem Teil des 5. Kontinents aufzubauen, war ein im höchsten Grade mangelhaftes Verständnis für die Tier- und Pflanzenwelt und die hier herrschenden extremen klimatischen Bedingungen. Die Gagudju benötigten nur wenige Stunden am Tag, um sich mit allem Lebensnotwendigen zu versorgen. Sie besaßen einen höheren Lebensstandard als der durchschnittliche Mitteleuropäer gegen Ende des 19. Jahrhunderts. Im krassen Gegensatz hierzu stand die von Skorbut geplagte Bevölkerung in Adam Bay und Port Essington. Der dramatische Ausgang vieler Expeditionen ins Zentrum beruhte ebenfalls in erster Linie auf dem Unvermögen, sich den natürlichen Gegebenheiten anzupassen. Es mutet wie Hohn an, daß Entdecker wie Wills und Burke, die im roten Herzen des Landes verhungerten und verdursteten, von der weißen Bevölkerung als Helden gefeiert wurden, wohingegen die Ureinwohner, die bereits seit über 20000 Jahren in den großen Wüsten leben, nur Verachtung fanden. Lediglich im Süden und entlang der Ostküste schien der weiße Mann nach anfänglichen Schwierigkeiten besser mit den Bedingungen fertig zu werden. Doch die Erfolge der Agrarwirtschaft liefern ein trügerisches Bild – zumindest wenn man ökologische Maßstäbe anlegt. Die Siedler versuchten das Land so zu bewirtschaften, wie sie es von Europa her kannten, aber australische Böden sind generell nicht sehr tief, nährstoffarm und haben sich in Abwesenheit von Huftieren entwickelt. Das Erdreich ist daher verhältnismäßig locker, feinkörnig und nimmt Regenwasser schnell auf. Dies begann sich zu ändern, als das Land unter den Pflug genommen wurde und Schafe und Rinder ihre neuen Weiden in Besitz nahmen. Die Siedler konnten nicht wissen, daß 90% der neuen Heimat für die europäische Form der Landwirtschaft ungeeignet ist. Erosion und Versalzung haben die Farmer inzwischen dazu gezwungen, neue Wege zu gehen und sich mehr als Verwalter ihres Landes zu sehen. Eine Ausbeutung der Felder und Wiesen hatte großflächig katastrophale Konsequenzen nach sich gezogen. Noch heute werden jedes Jahr in Westaustralien 138000 Hektar Land für die Landwirtschaft unbrauchbar aufgrund von Versalzung, eine Folge intensiver Bewässerung. In Neusüdwales und Victoria droht 600000 Hektar dasselbe Schicksal. Die Verwendung von Leguminosen und Dünger auf den Weiden führt im Endeffekt dazu, daß das Erdreich für Gräser zu sauer wird. Mit dem Absterben der Grasnarbe verliert das Erdreich seinen Halt, und der nächste Regen wäscht die wertvolle Ackerkrume davon. Nach Schätzungen sind 25 Millionen Hektar von diesem Phänomen betroffen, ein Gebiet sechsmal so groß wie die Schweiz. Andere Probleme ergeben sich durch die Abholzung. Etwa die Hälfte der Wälder sind in den letzten 200 Jahren der Axt und Motorsäge zum Opfer gefallen. Stolze Eukalypten endeten als Bauholz und Papier. Schattige Haine mußten Wohnsiedlungen weichen oder wurden in Weiden und Äcker umgewandelt. Erosion war eine häufige Begleiterscheinung. Und auch an der Tierwelt gehen Rodungen nicht ohne Folgen vorüber. Der Koala zum Beispiel ist auf alte Baumbestände angewiesen, doch mit der Zerstückelung der sogenannten *Old-growth*-Wälder werden Populationen zunehmend isoliert mit dem Ergebnis, daß Inzucht zu einem ernstzunehmenden Problem wurde. Inzwischen geht man dazu über, bewaldete Korridore zu schaffen, durch die die einzelnen Habitatinseln verbunden sind.

Die weitaus größte Gefahr für die Flora und Fauna hat allerdings nur indirekt etwas mit der Ausbreitung der westlichen Gesellschaft zu tun. In Zusammenhang mit der Besiedlung durch die Europäer rollte eine neue Sturmwelle der Invasion über das Land hinweg. Anders als beim Beutelwolf war es meist nicht der weiße Mann persönlich, der die Tiere oder Pflanzen ins permanente Abseits drängte, sondern die von ihm eingeführten, ursprünglich auf dem Kontinent nicht beheimateten Arten, die sich in der neuen Welt häufig schneller und besser zurechtfanden als die frühen Siedler.

In seinem 1847 veröffentlichten Expeditionstagebuch berichtet Ludwig Leichhardt von Wasserbüffeln, die er bereits damals auf der Ostseite des East Alligator River nahe Obiri beobachtet hatte. Diese halbdomestizierten Wiederkäuer stammten ursprünglich aus Südostasien und waren von den Briten nach Nordaustralien gebracht worden, um als Arbeitstiere und Fleischlieferanten in den Siedlungen bei Port Essington und Raffles Bay auf der Cobourg Peninsula zu fungieren. Einige konnten sich mit dem Joch ihrer weißen Herren überhaupt nicht anfreunden und machten sich sofort aus dem Staub, andere wurden bei der Aufgabe der Niederlassungen sich selbst überlassen. Doch was für die Engländer einem Alptraum glich, ein nicht zu beherrschendes Land mit einem höllischen Klima, schien für die Wasserbüffel dem Paradies auf Erden sehr nahezukommen. Sie begannen, ihr Verbreitungsgebiet mit rasanter

Geschwindigkeit auszudehnen, und die Entwicklung der Büffelbestände besaß alle Merkmale einer Bevölkerungsexplosion. Von den Kolonialherren waren ursprünglich nicht mehr als 100 Tiere eingeführt worden. 150 Jahre später wurde die Gesamtpopulation der Wasserbüffel auf 280 000 geschätzt und dies, obwohl über 700 000 Individuen in der Zwischenzeit bereits der Büffelindustrie zum Opfer gefallen waren. Bis zu 70 Büffel wurden pro Quadratkilometer gezählt. Die tropischen Feuchtgebiete litten erheblich unter den Eindringlingen. Wasserbüffel sind schwere Huftiere, die pro Tag bis zu 30 Kilo Gras vertilgen. Alleine durch ihr Gewicht verfestigen sie den Untergrund, verringern dadurch die Wasseraufnahme des Erdreiches und zerstören die Pflanzendecke. Auch lieben sie Schlammbäder, was zur Entstehung von weiten Suhlen führt. Zu den Folgen gehört eine Trübung des Wassers, was sich auf alle Süßwasserbewohner einschließlich der Fischbestände auswirkt. Auf ihren Wanderungen von einem Feuchtgebiet zum nächsten schaffen sie neue Wasserkanäle, die die natürlichen Dämme und Flußbänke durchbrechen. Salzwasser konnte auf diese Weise weit in die Süßwassersümpfe eindringen, und Brutgebiete einheimischer Fisch- und Vogelarten wurden stark beeinträchtigt, wenn nicht gar zerstört. Im Regenwald zertrampeln sie den Unterwuchs und ermöglichten die Einwanderung von Grasarten, die den Bränden in der Trockenzeit mehr Nahrung bieten und heißere Feuer ermöglichen. 50 % des Regenwaldes gingen auf diese Weise durch den Einfluß der Büffel verloren. Im April 1979 wurde das Land um Obiri zum Kakadu National Park erklärt, und zu einer der ersten Aufgaben der neuen Parkverwaltung gehörte die Eliminierung der Wasserbüffel. Im Rahmen dieses Kontrollprogramms wurden bis zum Ende des Jahres 1990 über 100 000 Büffel aus dem Park entfernt. Heute durchstreifen nur noch wenige den Busch in Kakadu. Die Feuchtgebiete haben sich in der relativ kurzen Zeit erstaunlich gut erholt. Seit dem weitgehenden Verschwinden der Büffel bedecken wieder Wasserlilien die Überschwemmungsebenen am South und East Alligator River, und die Billabongs führen wieder klares Wasser.

Die Wasserbüffel im hohen Norden mögen als Beispiel dienen für die vernichtende Auswirkung, die die Einführung neuer Tier- und auch Pflanzenarten nach sich ziehen kann. Insgesamt ist der Norden aber noch glimpflich davongekommen. Nur 6 % der Flora im sogenannten Top End wird von Einwanderern gestellt. Um Melbourne sind es dagegen 22 %, um Sydney gar 28 %. Die Liste eingeführter Arten reicht von Gartenpflanzen über Getreide, Vieh, Vogelarten, die die frühen europäischen Siedler vermißten, bis hin zu Kaninchen und Füchsen. Mit wenigen Ausnahmen wurden sie zu Landplagen, die die Regierung und Agrarwirtschaft Milliarden sowohl in Kontroll- und Ausrottungs-

programmen als auch in der Forschung gekostet haben und auch in Zukunft kosten werden. Uns am bekanntesten ist die Kaninchenplage, die mit dem umstrittenen Myxomatose-Virus bekämpft wurde und weiter bekämpft wird. Aber obwohl die durch das Kaninchen verursachten Schäden erheblich sind, so sind diese doch hauptsächlich wirtschaftlicher Art. Naturbelassene Systeme sind weitaus weniger betroffen. Ein ökologisches Desaster zog hingegen die Einführung der Agakröte nach sich. Dieses ursprünglich aus Mittelamerika stammende, bis zu 15 Zentimeter große Amphibium wurde 1935 von Hawaii in die Zuckerrohrplantagen Queenslands eingeführt. Die ihr zugedachte Aufgabe war, sich über einige Zuckerrohrschädlinge herzumachen, insbesondere den Graurückenkäfer einschließlich seinem Engerling. Es stellte sich schon bald heraus, daß die Agakröte allem möglichen den Garaus machte, nur nicht besagtem Käfer. Zu allem Übel ist sie auch giftig und besitzt in Australien keine natürlichen Feinde. Im Carpentariagolf wurden in den letzten Jahren mehrmals tote Australische Krokodile gefunden, in deren Mägen man bei der anschließenden Autopsie die Reste einer Krötenmahlzeit entdeckte.

Ein terrestrisches Ökosystem auf dem Kontinent zu finden, das nicht von Exoten beeinflußt ist, dürfte unmöglich sein. Mindestens 15 der 245 endemischen Landsäugetiere sind seit der Ankunft des weißen Mannes ausgestorben und zahlreiche weitere ernsthaft in ihrer Existenz bedroht. Und obwohl Projekte wie das Büffelkontrollprogramm in Kakadu große Erfolge verzeichnen, die Wiederherstellung der Bedingungen, wie sie noch vor 200 Jahren herrschten, ist sicherlich Illusion. Das Rad der Zeit läßt sich nicht zurückdrehen.

In den letzten zwanzig Jahren hat sich viel getan. Die Landwirtschaft beschreitet schonendere Wege. Wälder werden aufgeforstet, Restbestände geschützt. Das Land beginnt sich zu wandeln. Zu Anfang versuchten die Siedler ihre neue Heimat zu vereuropäisieren. Heute geht die Entwicklung dahin, europäische Einflüsse zu entfernen und den typisch australischen Charakter zu bewahren. Der Tourismus macht immer neue Gebiete zugänglich, neue Nationalparks werden geschaffen. Noch vor zwanzig Jahren war Obiri während der Regenzeit unerreichbar. Als Straßenverbindung existierte lediglich eine rauhe Schotterpiste, die jährlich für Monate unter Wasser stand. Brücken gab es schon gar nicht. Die stärkere Nutzung von Gebieten schafft sicherlich neue Probleme. Die Ausbreitung von Unkräutern und Kleintieren wie die Agakröte wird begünstigt. Aber andererseits stellt der Tourismus Finanzen zur Bekämpfung von unerwünschten Immigranten bereit, die andernfalls nicht zur Verfügung ständen.

Obiri ist einer der faszinierendsten Plätze unserer Erde, ein Ort, an dem die einzelnen Fäden, aus denen das Gewebe der Natur Australiens besteht, offen zu Tage treten. Als die Stürme an jenem Abend abzuebben beginnen, erscheint ein Felsenkänguruh oben auf der Felsplatte. Gemütlich kaut es an ein paar Grashalmen, die in den Fugen im Gestein wachsen. Dies ist seine Welt, sein Land, ein Land so alt wie die Zeit und doch beeinflußt von den Entwicklungen der jüngsten Vergangenheit. Noch vor wenigen Jahren hätte es von hier Wasserbüffel über die Überflutungsebenen ziehen sehen können. Heute gehören die Feuchtgebiete wieder den Wasservögeln und Krokodilen allein. Obiri steht als Symbol für ein neues Kapitel in der Naturgeschichte Australiens. Der Inselkontinent ist ein Land von einzigartiger Schönheit und berauschender Vielfalt. Aber es hat sich gezeigt, daß seine Wunder zerbrechlich sind und heute unseres Schutzes bedürfen.

Bei den Abbildungen auf den Titelseiten sowie auf den Seiten 5 bis 20 handelt es sich um Wiedergaben von Wandmalereien der Aborigines aus den Felsgalerien von Ubirr und Nourlangie im Kakadu National Park im hohen Norden des Kontinents.
8/9 Blick über die Überflutungsebenen von Obiri Rock, Kakadu National Park
12/13 Traditioneller Tanz der Aborigines, Kakadu National Park
16/17 Gelegter Buschbrand, Kakadu National Park

Erstes Kapitel

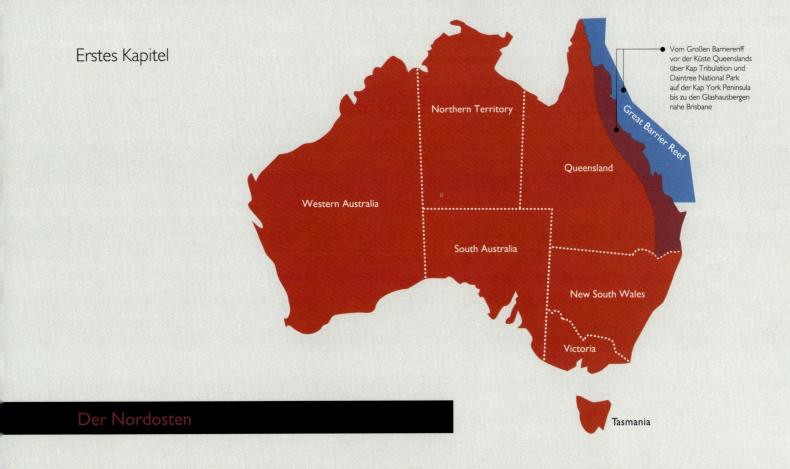

## Der Nordosten

**Tropisches Paradies zwischen Korallenmeer und Regenwald**

Endlose weiße Sandstrände, Bergketten, eingehüllt in dichte, üppige Baumfluchten, und ein azurblaues Meer, gespickt mit Korallenriffen und palmenumsäumten Eilanden, bilden die Bestandteile dieses australischen Garten Edens. Nur 100 Kilometer landeinwärts vertrocknet das Land, doch in diesem schmalen, fast 2000 Kilometer messenden Streifen entlang der Ostküste von Queensland zeigt der Kontinent sein facettenreichstes Gesicht. Ein farbenfrohes, vielfältiges Ensemble an Tieren und Pflanzen bewohnt die steilen Hänge und flachen Landstriche nahe dem Meer. Und weit vor den geschützten Buchten streckt sich ein dünnes, lebendes Band von Fraser Island bis hinauf zur Torresstraße, die Australien von Neuguinea trennt: das Große Barriereriff.

## Unterwassertraum in schillerndem Türkis

Wie eine ausgestreckte Kette von Perlen, gefaßt in den Farben des Meeres, liegt das Große Barriereriff über eine Strecke von 2 300 Kilometern schützend vor der Nordostküste Australiens. Genaugenommen fehlt diesem Meereswall allerdings eine zusammenhängende Struktur. Es handelt sich vielmehr um ein Labyrinth aus mehreren Tausend Einzelriffen. Aus großer Höhe betrachtet, verschmelzen die Teilstücke des Großen Barriereriffs zu einer feinen weißen Linie und werden zum einzigen Zeichen von Leben auf der Erde, das man vom Mond erkennen kann.

Seine Existenz verdankt das Große Barriereriff den klaren warmen Wassern des Südwestpazifiks, dem breiten Schelfgebiet vor diesem Teil des Inselkontinents und Abermilliarden von mikroskopisch kleinen Korallenpolypen. Durch Kalk, den sie an ihrer Basis abscheiden, sind sie die Baumeister dieses marinen Wunderlandes.

Korallenriff vor den Whitsunday Islands, Great Barrier Reef National Park

Masthead Island, Great Barrier Reef National Park

## Leuchtendes Juwel
unter den marinen Gärten der Erde

Das Große Barriereriff ist eines der vielfältigsten Wunder unserer Erde. Es ist Heimat für Zehntausende von Tierarten, und noch heute warten viele Hunderte der hier lebenden Organismen darauf, in die Artenliste aufgenommen zu werden. Bis zu 500 verschiedenen Vertretern aus der Welt der Fische, mehr als bisher im gesamten Atlantik beschrieben wurden, bietet jede einzelne der zerklüfteten Korallenstädte Unterkunft. Manche der hier vorkommenden Tiere sind temporäre Gäste. Hierzu gehören weitgereiste Wanderer wie z. B. viele Seeschildkröten. Während der Regenzeit zwischen Oktober und Februar tauchen sie zu Tausenden aus der Weite des Ozeans auf, um auf den Stränden kleiner Eilande

Der elegante «Flug» der Suppenschildkröte, *Chelonia mydas*

Korallenblock, Great Barrier Reef National Park

Anemonenfisch, *Amphiprion melanopus*, zwischen den schützenden Armen einer Aktinie

ihre Eier abzulegen. Sechs bis sieben Wochen später beginnt eine Armee frischgeschlüpfter Nestlinge ihren nächtlichen Marsch zum nahen Meer. Falls sie den Gefahren der See erfolgreich trotzen, werden sie lange Jahre später zu ihrem Geburtsort zurückkehren, um den Kreis des Lebens zu schließen.

Im Gegensatz zu den Seeschildkröten ist die Mehrzahl der Bewohner des Riffs ausgesprochen standorttreu. Manche, wie Muscheln und Korallen, sind fest mit ihrem Untergrund verwachsen, und nur ihre Larvenstadien gehen auf Reisen. Andere sind gemächliche Vagabunden, die aber ihren Heimatort kaum je verlassen, wie z.B. viele der farbenprächtigen Seeschnecken. Anemonenfische wiederum leben in totaler Abhängigkeit von ihrem seßhaften Wirtstier, einer Riesenaktinie. Ausschließlich zwischen den für ihre Feinde tödlichen Tentakeln ihres ungewöhnlichen Partners fühlen sich diese bunten Tiere wohl. Nur wenn sie in Reichweite eine Beute entdecken, verlassen sie für wenige Sekunden ihren sicheren Zufluchtsort.

**Land zwischen den Gezeiten**  Mangroven gürten die Küste und besiedeln neu entstehende Koralleninseln, sobald sich genug Sand hinter dem aktiven Teil des Riffs abgelagert hat, um bei Ebbe einen trockenen Streifen Land für die Pflanzen bereitzuhalten. Um in der Gezeitenzone

Die Eroberung des Landes – einsame Mangrove auf Sandbank, Kap Tribulation, Daintree National Park

gedeihen zu können, exponieren viele Arten ihre Wurzeln an der Luft, da eine Sauerstoffaufnahme im wassergesättigten Boden nicht möglich ist. Überschüssiges Salz wird entweder mittels Blattdrüsen ausgeschieden, in der Rinde abgelagert, oder aber Filter verhindern von vornherein die Aufnahme des Salzes.

Aufgrund seines Artenreichtums betrachtet man Nordostaustralien als die Wiege der Mangroven. Mangrovenwälder sind die am weitesten verbreitete Pflanzengesellschaft in Australien und für die Ökologie des Großen Barriereriffs von großer Bedeutung, da sie unzähligen Fischarten als Kinderstuben dienen.

## Wo Regenwald und Riff sich begegnen

Nördlich von Cairns, zwischen Mossman und Cooktown, erheben sich die steilen Hänge der Great Dividing Range abrupt aus dem Meer. Schattiger Regenwald hüllt die Flanken der Berge in einen langen grünen Mantel, dessen Saum bis zur Flutlinie hinabreicht. Nur ein schmaler Mangrovenstreifen trennt den Dschungel vom warmen Meer und der biologischen Vielfalt des Riffs.

Vor 50 Millionen Jahren bedeckten Regenwälder fast ganz Australien. Zur Zeit der Entdeckung des Kontinents durch die Europäer war nur ein Prozent dieser einstmals fast endlosen Urwälder übriggeblieben. Innerhalb von 200 Jahren reduzierten die neuen Siedler die Fläche dieser Baumfluchten auf weniger als 0,3%. Zusammen nimmt heute der Restbestand ungefähr 20000 Quadratkilometer ein. Die Hälfte davon ist tropischer Regenwald, der in seiner Verbreitung fast ausnahmslos auf die Berge entlang der Küste von Queensland beschränkt ist. In unseren Tagen erscheinen die Wälder meist wie verstreute Flicken auf einem Teppich aus Zuckerrohrfeldern und Bananenplantagen. Nicht so hinter Mossman, wo die letzte asphaltierte Autopiste wie auch die Landwirtschaft ein Ende finden. Von hier zieht sich das größte unberührte Regenwaldgebiet Australiens nordwärts bis hinter Kap Tribulation.

Spinnenmangroven, *Rhizophora stylosa*

Donovan Point, Kap Tribulation, Daintree National Park

# Grüne Kathedralen im warmen Regen

Das Hochland im Nordosten des Kontinents verzeichnet die stärksten Niederschläge in ganz Australien. Die Great Dividing Range fungiert hier als Barriere für die feuchten Winde vom Pazifik. Wolkenbänke stauen sich an den Flanken der Berge, und selbst wenn das Tiefland in der tropischen Sonne badet, verschleiert meist noch eine feine Dunstfahne die höchsten Gipfel. Leichter Nieselregen benetzt die nach Feuchtigkeit lechzende Vegetation an den steilen Berghängen selbst in der Trockenzeit fast täglich. Zwischen Dezember und März ertränkt der Monsun das Land. Rinnsale verwandeln sich in reißende Ströme. Donnernde Wasserfälle unterbrechen den Lauf der Wildbäche. Bis zu 7600 Millimeter Regen fällt hier im Jahr. Wenn Zyklone über das Land ziehen, werden manche Landstriche binnen 24 Stunden unter einem halben Meter Niederschlag begraben. Innerhalb eines Tages schüttet es unter solchen Bedingungen mehr Wasser vom Himmel, als drei Viertel des Kontinents im Jahresdurchschnitt erhält.

In dem feuchtwarmen Treibhausklima gedeiht üppiger Regenwald. Die Bühne des Lebens zeigt hier eine ihrer beeindruckendsten Inszenierungen. Über 800 Baumarten streiten sich im tropischen Dschungel Australiens um einen Platz an der Sonne. In ihrem Schatten herrscht ein grünes Dämmerlicht, in dem sich unzählige Moose und Farne den reichen Humusboden teilen. Auch wenn die Fläche dieser Wälder gemessen an der Ausdehnung des Landes nur äußerst gering ist – insgesamt nehmen sie lediglich 900 000 Hektar oder 0,12 % des Kontinents ein –, so leben hier doch ein Drittel aller Beuteltiere, ein Viertel aller Reptilien und fast ein Fünftel der australischen Vogelwelt.

Grüner Baumpython, *Chondropython viridis*

Königssittich, *Alisterus scapularis*

Die Glashausberge von Mt Beerburrum

## Die Glashausberge – Zeugen der vulkanischen Vergangenheit

Im Süden von Queensland, wo die Winter angenehm warm sind und der Monsun seine Macht verloren hat, erheben sich die bizarren Pfeiler der Glashausberge bis zu 300 Meter über die küstennahen Ebenen. Sie sind die erstarrten Schlunde von Vulkanen, die vor 25 Millionen Jahren Lava und heiße Asche spien und das Umland in eines der ertragreichsten landwirtschaftlichen Gebiete Australiens verwandelten. Ihren Namen verdanken sie Captain James Cook. Angeblich sah er von der Küste, wie sich das Licht an den spiegelglatten Felstürmen brach.

    Offene Eukalyptushaine bedecken die Hänge dieser Pfropfen in der Erdkruste. Die Wolken ziehen meist weiter landeinwärts bis zur Kette der Great Dividing Range, die hier einen weiten Bogen weg von der Küste beschreibt, bevor sie sich ihrer Fracht entladen. So reichen nur dort die Niederschläge für die Entwicklung von Regenwäldern aus, die in dem herrschenden subtropischen Klima allerdings lichter sind und von anderen Pflanzen aufgebaut werden als 1500 Kilometer weiter nördlich.

Zweites Kapitel

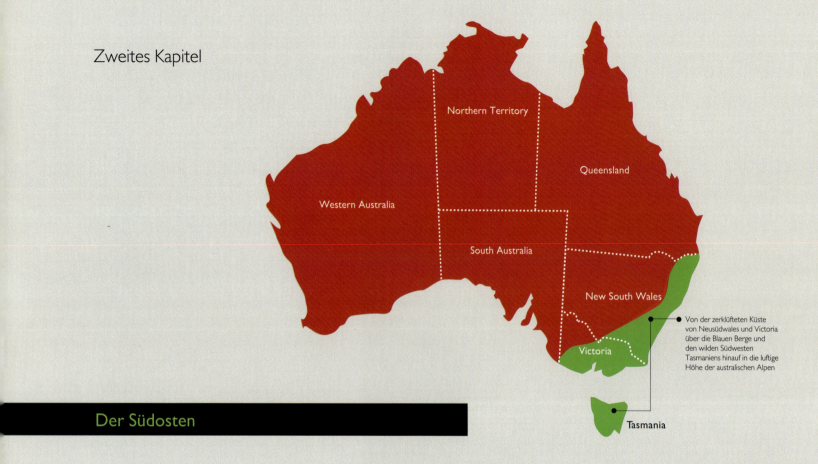

Von der zerklüfteten Küste von Neusüdwales und Victoria über die Blauen Berge und den wilden Südwesten Tasmaniens hinauf in die luftige Höhe der australischen Alpen

Der Südosten

**Der Garten des Inselkontinents**

Wilde Küstenszenarien, fruchtbare Täler, überragt von einsamen Bergregionen, tiefe Wälder, die von Farmen abgelöst werden, ein Klima, das selten zu heiß und nie zu kalt ist, mit ausreichend Regen, um gute Ernten zu gewährleisten und die Natur in sattes Grün zu kleiden, mit Schnee im Winter auf den höchsten Bergzinnen als Inspiration für die Sinne, ein Land voller Kontraste und vertraut erscheinender Schönheit, dies ist der Südosten Australiens, ein Gebiet, in dem zwei Drittel der Bevölkerung des Kontinents lebt. Wie in keinem anderen Teil des Landes wurde die Natur in Refugien zurückgedrängt, doch selbst in unseren Tagen findet der stadtmüde Mensch noch immer nahe den großen Metropolen unberührten Busch, um sich dort vom Streß des Alltags zu erholen. Und jungfräuliche Wildnis bedeckt weiterhin in abgelegenen Ecken ganze Landstriche.

Licht durch Eukalyptusbaum gefiltert nahe Canberra

# Die Zwölf Apostel – steinerne Zeugen der kreativen Macht der See

Ohne vorgelagerte Riffe, die die Dynamik des Wassers brechen könnten, rollen die Wogen des Ozeans ungehindert gegen den Südosten des Kontinents. Gewaltige Brecher zerschellen an scharfen Klippen, und im Laufe von Äonen erweist sich die See als genialer Bildhauer. Nirgendwo wird ihre Macht deutlicher als entlang der sturmumtosten Bass-Straße, die das Festland von Tasmanien trennt. Der östliche Eingang zu dieser gefürchteten Meerenge, in dem so manches Schiff in der aufgewühlten See verschwand, wird von 130 Meter hohen Pfeilern bewacht, die die Brandung den weichen Kalksteinklippen entrissen hat.

Unter der bewegten Oberfläche des Meeres existiert ein Reich der Ruhe und des Lebens. Muschelbänke klammern sich an Felsen, Seetangwälder sprießen im sauerstoffreichen Wasser, Fischschwärme durchstreifen im blaugrünen Halbdunkel die submarinen Waldungen, und Seelöwen spielen in kleinen Gruppen auf den weiten Seegraswiesen.

Australischer Seelöwe, *Neophoca cinera*

Die Zwölf Apostel, Port Campbell National Park

# Die «Blue Mountains» – Berge und Täler im bläulichen Dunst

Die berühmten Blauen Berge hinter Sydney sind im Grunde ein hügeliges Plateau, das sich auf dem Rückzug vor den Elementen befindet. Tiefe Schluchten und versteckte Täler werden eingerahmt von endlosen Felswänden, die für die frühen europäischen Siedler über eine lange Zeit ein unüberwindbares Hindernis darstellten. Trotz unzähliger Versuche und der in der Sträflingskolonie grassierenden Überzeugung, daß China und die Freiheit hinter dem steinernen Wall warten, vergingen Jahre, bis schließlich 1813 ein Weg über die Berge gefunden worden war.

Heute sind die Blauen Berge ein beliebtes Wochenendziel für die Bewohner Sydneys, die im kühlen Hochland vor der Hitze der Stadt Zuflucht suchen. Doch trotz der Besuchermassen hält die Region weiterhin unerforschte Flecken bereit. Noch immer entdecken Biologen in abgeschiedenen Tälern neue Pflanzenarten. Ihren Namen haben die Blauen Berge von einem feinen Nebel aus Eukalyptusöl, der über den Wäldern liegt und die Bergzüge in Aquamarin kleidet.

Die Drei Schwestern, Blue Mountains National Park

Govetts Leap, Grose Valley, Blue Mountains National Park

## Hohe Hallen, getragen von Säulen aus Holz

Koala, *Phascolarctus cinereus*

Schattige Wälder bedecken die regenreichen unteren Flanken der Great Dividing Range und das feuchte Hügelland Tasmaniens. Königseukalypten – auch Bergeschen genannt – formen in luftiger Höhe ein geschlossenes Blätterdach. Zwischen diesen bis 90 Meter hohen Waldriesen nehmen sich die Baumfarne wie Zwerge aus. Rindenstreifen und welke Blätter bedecken den Boden, den Laiervögel nach Insekten absuchen. Diese kühlen Paläste der Natur sind das australische Pendant zu den Redwoods Kaliforniens. Papageien fliegen kreischend zwischen den Stämmen hindurch. Ein Kookaburra, die Stimme des australischen Buschs, gibt seine Meinung laut rufend kund. In einer Asthöhle verborgen, warten die Kurzkopfgleitbeutler auf das Einbrechen der Nacht. Hoch oben im Geäst sitzen Koalas und beobachten – verschlafen an ein paar Blättern kauend – ihre Umwelt.

Noch vor 150 Jahren zogen sich tiefe Eukalyptuswälder wie ein grünes Tuch von Melbourne bis Brisbane. Doch die unerbittliche Axt hat in vielen Regionen unberührte Waldbestände zu Inseln in einer besiedelten Landschaft werden lassen mit zum Teil schwerwiegenden Folgen für die einheimische Tier- und Pflanzenwelt. Inzwischen versucht man mit Hilfe staatlicher Projekte, wie «One Billion Trees» (Eine Milliarde Bäume), den Trend umzukehren.

Kurzkopfgleitbeutler, *Petaurus breviceps*

Lake Pedder, South West National Park

## Von Stürmen gepeitschtes Bollwerk am Meer

In der Abgeschiedenheit Südwest-Tasmaniens trotzt ein wildes Land den orkanartigen Winden und Regenstürmen des Südmeeres. Zackige Felskronen überragen von prähistorischen Gletschern geformte Täler. Dies ist eine Region, die mehr der Fjordlandschaft Patagoniens und Neuseelands ähnelt als dem Rest von Australien. Über vier Meter Regen fällt im Jahr, und die Unbilden des Klimas in Verbindung mit einer rauhen Landschaft, gekleidet in drahtigen Unterwuchs, führten dazu, daß dieser Teil des Kontinents bis heute praktisch unbesiedelt geblieben ist.

In den 80er Jahren dieses Jahrhunderts wurde das Gebiet zum Schauplatz einer erbitterten Auseinandersetzung zwischen Naturschützern und Befürwortern eines neuen Staudammkonzepts. Der Wasserreichtum der Region sollte in den Dienst der Elektrizitätsgewinnung gestellt werden. Eine Protestwelle überrollte das Land, in deren Zusammenhang über 1200 Personen festgenommen wurden. Doch ihre Bemühungen hatten Erfolg. Das Projekt wurde eingestellt und der gesamte Südwesten der Insel zum Welterbegebiet erklärt.

# Grüne Hölle des Südens – verwunschener Wald am Rand des Kontinents

Vom Regen geschwollene Bäche stürzen sich im Westen Tasmaniens durch Schluchten dem Tiefland und dem Meer entgegen. Die wilden Tobel werden von fast undurchdringlicher Vegetation eingerahmt. Die knorrigen Stämme und verwinkelten Äste moosüberwucherter Südbuchen verleihen den Dickichten ein Antlitz, als wären sie Tolkiens *Herr der Ringe* entstiegen. Wo Feuer gelegentlich über das Land zieht, wird der Dschungel von Eukalyptuswäldern abgelöst. In diesem weitgehend unberührt gebliebenen Teil des australischen Südostens gehen Tiere, die anderswo in Bedrängnis geraten sind, ungestört ihren Aktivitäten nach. Fleckenbeutelmarder haben stark unter der Konkurrenz durch eingeführte Hauskatzen gelitten. Doch auf Tasmanien und insbesondere dort, wo offenes Gelände an dichten Wald grenzt, sind sie noch häufig anzutreffen. Ähnliches gilt für den zu Unrecht verschrienen Beutelteufel. Eines der wenigen einheimischen Tiere, die die Einbürgerung neuer Arten unbeeinflußt überstanden haben, ist der Schnabeligel.

Fleckenbeutelmarder, *Dasyurus spec.*

Bird River, Wild Rivers National Park

Kurzschnabeligel, *Tachyglossus aculeatus*

Beutelteufel, *Sarcophilus harrisii*

Die australischen Alpen – das Dach des Kontinents

Mt Feathertop von Mt Hotham, Alpine National Park

An ihrem südlichen Ende wölbt sich die Great Dividing Range in alpine Höhen. Kahle, runde Kuppen überragen die bewaldeten Flanken der Berge. Zwischen Juni und Oktober hüllt eine dicke Schneedecke die Region oberhalb der Baumgrenze in glänzendes Weiß. An seinem höchsten Punkt, Mt Kosciusko, mißt dieser mächtigste aller australischen Gebirgszüge 2 228 Meter. Selbst im Sommer steigen die Temperaturen hier selten über 10 °C. Schnee hält sich an schattigen Plätzen bis spät ins Jahr. Doch sobald das Erdreich seines kalten Mantels beraubt ist, beginnen die Bergkämme zu erblühen. 400 Quadratkilometer nimmt das Hochland jenseits der Baumgrenze ein, und in der warmen Jahreszeit verwandelt es sich in ein buntes Blumenmeer.

Drittes Kapitel

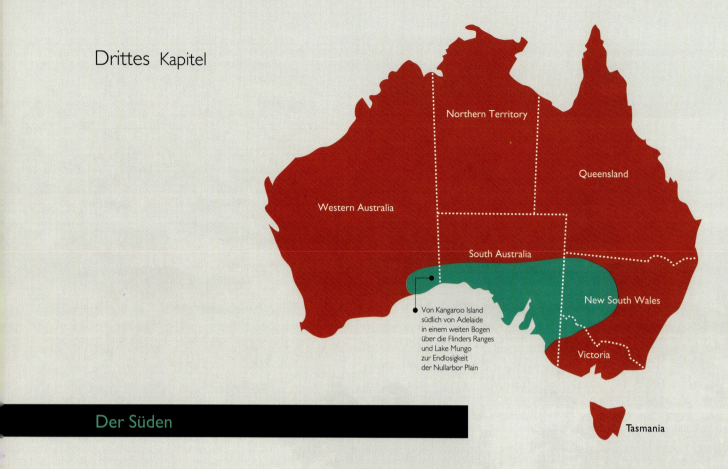

Von Kangaroo Island südlich von Adelaide in einem weiten Bogen über die Flinders Ranges und Lake Mungo zur Endlosigkeit der Nullarbor Plain

## Der Süden

**Sonnenverbranntes Land in Gelb und fahlem Grün**

Weites, trockenes Land dehnt sich jenseits der Great Dividing Range ins Unendliche und umgibt die Große Australische Bucht wie ein glattgestrichenes Tuch. Nur selten unterbrechen sanfte Hügel die Ebenen, und einzig in der bizarren Mondlandschaft der Flinders Ranges zeigt sich das Gebein der Erde in kantiger Ehrlichkeit. Offene Wälder bedecken das wellige Land und erstrecken sich entlang der Wasserläufe. Gräser verwandeln die Ebenen in ein gelbes Meer. Regen fällt meist nur im kühlen Winter. Die Sommer sind heiß und niederschlagsfrei. Im Osten ist der Busch in Schafweiden und Weizenfelder umgewandelt worden. Um Adelaide und auf der Fleurieu Peninsula genügen die Niederschläge sogar, um Obsthaine und Weinberge ausreichend mit Wasser zu versorgen. Im Westen liegt das kahle Niemandsland der Nullarbor Plain und bildet einen schmalen Puffer zwischen der Wüste und dem Ozean.

Remarkable Rocks, Flinders Chase National Park

Moralana Drive windet sich durch die Flinders Ranges

## Ein Hauch von Lila auf einem stolzen Hügelland

Vom Spencer Golf bis hinauf zu den großen Salzseen am Rande der Wüste dominiert über eine Länge von 480 Kilometern der Rücken der Flinders Ranges das Landschaftsbild. Steile Felsgrate beherrschen den nördlichen Teil dieser Bergkette. Doch an seinem südlichen Ende sind es runde Kuppen, die ihre Schatten auf das wellige Vorland werfen. Rittlings sitzen sie auf der Übergangszone zwischen dem relativ feuchten Klima entlang der Küste und der Trockenheit des Binnenlandes. In kühlen Schluchten hält sich Wasser, und diese versteckten Quellen werden in den heißen Sommermonaten zum Treffpunkt vieler Tiere, wie zum Beispiel der Bergkänguruhs.

Der Winter in den Flinders Ranges ist die Zeit der Fülle und der Wildblumen. Nach den ersten Regenschauern tauchen Blütenteppiche die Hänge in zartes Violett.

**Wilpena Pound – natürliches Amphitheater, umrahmt von steilen Felswänden**

Im Norden umschließen die rotbraunen Ausläufer der Flinders Ranges ein weites Becken: Wilpena Pound. Emus und Känguruhs ziehen im spärlichen Schatten der Eukalypten durch das hüfthohe Gras am Boden dieses 54 Quadratkilometer großen Bassins.

Elder Range, Flinders Ranges National Park

Der gesamte Regen, der innerhalb der umschließenden Felswälle niedergeht, sickert zum Zentrum des Beckens, und so stellt Wilpena Pound eine mit dichter Vegetation überwucherte Insel inmitten einer kargen Landschaft dar. Eine vielfältige Tierwelt geht hier auf Nahrungssuche. Allein 60 verschiedene Glattechsenarten wurden bisher gezählt. Auch die Schlangen sind mit mehreren Arten vertreten, einschließlich der hochgiftigen King Brown oder Mulgaschlange.

Mulgaschlange, Pseudechis australis

Lake Mungo, Mungo National Park

## Minarette aus Sand – Kunstwerke der Erosion am Ufer des Lake Mungo

Verstreut über das flache Land westlich der Great Dividing Range liegen die sandigen Torsos ehemaliger Seen. Vor Tausenden von Jahren, als das Klima noch feuchter war, füllten Bäche viele Mulden auf den Ebenen mit Wasser. Ausgedehnte Feuchtgebiete boten Mensch und Tier Nahrung. Am Ende des Willandra Creek befand sich zum Beispiel einst ein Kette aus fünf großen Seen. Heute versickert das wertvolle Naß, lange bevor es dieses Gebiet erreicht. Wasser füllte ihre Becken zum letzten Mal vor 15 000 Jahren. Dünen entwickelten sich an ihren östlichen Ufern und begruben das Land unter sich. Und im Laufe der Zeit schuf der Wind in Zusammenarbeit mit dem seltenen Regen feinstrukturierte Lünetten aus Sand.

Die prähistorischen Seen am Willandra Creek werden heute in der Welterbeliste der Vereinten Nationen geführt. Allerdings nicht aufgrund ihrer landschaftlichen Reize, sondern wegen dem, was sich unter dem Sand befindet. Archäologen entdeckten hier ihr australisches Eldorado. So fand man, verborgen in den Sandskulpturen am Lake Mungo, die Überreste einer Kultur, die vor 40 000 Jahren entlang den Ufern des Sees lebte, ein Fund, der alle bis dahin existierenden Theorien über die Besiedlung des Kontinents *ad absurdum* führte.

Die «Walls of China» im Mungo National Park

Weißer Hai, *Carcharodon carcharias*

## Abruptes Ende des Kontinents – die Kalksteinklippen am Rande der Nullarbor Plain

Als hätte man ihr mit einem Hobel auch die kleinste Erhebung geraubt, präsentiert sich die Nullarbor Plain als eine Landschaft, die das Nichts zelebriert. Das schmale Band der Transaustralischen Eisenbahnlinie verläuft hier über eine Strecke von 478 Kilometern schnurgerade. Eine riesige, waagerecht gelagerte Kalksteinplatte bildet die Basis dieses niedrigen Plateaus. Höhlensysteme, in die der wenige Regen spurlos verschwindet, durchziehen den Fels. Oberflächenwasser ist Mangelware. Bäume können unter diesen Bedingungen nicht existieren, und so kauern sich niedrige Heidekräuter an den Boden. An seinem südlichen Rand offenbaren sich die Kalksteinschichten in 90 bis 130 Meter hohen Klippen, die senkrecht ins Meer abbrechen. Über eine Strecke von 200 Kilometern bilden die Felstürme eine geschlossene Wand, eine Festungsmauer, die gestrandete Schiffbrüchige zu einem jämmerlichen Hungertod am Fuß der Kliffe verdammt. Zu Zeiten, als noch Segelschiffe die Ozeane beherrschten, gehörte daher dieser von rauher See beherrschte Küstenstrich zu den gefürchtetsten Gestaden der Welt.

Das Meer vor diesem Teil des Kontinents hat heute seinen Schrecken weitgehend verloren, auch wenn verborgen im Blau der See der Weiße Hai lauert. Dieser gefürchtete Räuber besitzt in der Großen Australischen Bucht eines seiner Hauptverbreitungsgebiete.

Viertes Kapitel

Von Ayers Rock und
den Olgas über
die MacDonnell Ranges
und die Devils Marbles
hinauf zu den Felskuppeln
der Bungle Bungles

**Das Zentrum**

**Das rote Herz des Kontinents**

Riesige Wüsten halten das Zentrum Australiens gefangen. Im Nordwesten erstreckt sich ihr Machtbereich sogar bis zur Küste. Dem Auge präsentiert sich das extrem trockene Innere des Kontinents als ein dunkelroter Ozean aus Sand und Stein. Gräser, Büsche und vereinzelte Wüstenkasuarinen bilden einen löchrigen Vegetationsteppich, der den Boden nicht vor der sengenden Sonne schützen kann. Dies ist der Teil des Landes, den man das «Outback» oder die «Never-Never» nennt, eine Region, so alt wie die Zeit. Die vereinten Kräfte von Wind und Wasser haben sie im Laufe von Abermillionen von Jahren zu einer fast konturlosen Ebene zermürbt, aus der sich obskure Gesteinsformationen gleichsam kahlen Inseln aus einer unbewegten See erheben. In der flimmernden Luft erscheinen die steinernen Türme und glattgeschliffenen Dome wie Traumgebilde aus einer anderen Epoche der Erdgeschichte.

Die rote Flanke von Ayers Rock mit Mond, Uluru-Kata Tjuta National Park

### Uluru – surrealistisches Kunstwerk der Natur

Uluru – uns besser bekannt unter seinem westlichen Namen Ayers Rock – ist das Wahrzeichen des Outback. 348 Meter erhebt dieser riesige Monolith sein nacktes, rostfarbenes Haupt über die Ebene. Die

Ayers Rock, Uluru-Kata Tjuta National Park

Kräfte der Erosion haben Löcher in seine Flanken gefressen, die den Eindruck vermitteln, als hätte sich der Fels der Macht der Sonne ergeben und beginne zu schmelzen. Uluru ist ein erstaunlicher Ort, der fest in die Mythologie der Aborigines eingebunden ist. Übersetzt heißt Uluru soviel wie «Immerwährend», ein Name, der an Bedeutung gewinnt, wenn man bedenkt, daß der Lauf der Zeit fast spurlos an diesem Inselberg vorübergegangen ist. Seit über 60 Millionen Jahren trotzt der Fels erfolgreich den Unbilden der Natur, wohingegen das Umland zu feinem Sand zerrieben worden ist.

# Runzeln auf dem glatten Gesicht der Wüste

Südlich der MacDonnell Ranges unterbrechen vereinzelt Felstürme und hohe Kuppeln die makellose Leere der Wüste. 32 Kilometer westlich von Uluru ragt eine Gruppe rundgeschliffener Dome aus dem Sand wie die halbverschütteten Ruinen einer Stadt aus dem fernen Orient. Die ersten weißen Entdecker, die sich in diesen Teil des Landes vorwagten, nannten den Felsenkomplex die Olgas. Die Aborigines kennen ihn seit vielen tausend Jahren unter dem Namen Kata Tjuta – «Viele Köpfe». 300 Kilometer weiter östlich richtet Chambers Pillar seinen Finger drohend gen Himmel. Diese steinernen Fragmente von einst gewaltigen Gipfeln sind beliebte Ziele für Touristen, die hierher kommen, um das abendliche Farbenspiel der Wüste zu bewundern und im Bild festzuhalten. In den Augen der Aborigines hingegen sind Orte wie Uluru, Kata Tjuta und Chambers Pillar Teil der Schöpfungsgeschichte der Welt, steinerne Zeugen längst vergangener Geschehnisse, die noch heute von Wesen aus der Traumzeit bewohnt werden.

Chambers Pillar, Chambers Pillar Historical Reserve

Rainbow Valley, Rainbow Valley Nature Park

Die Olgas im Abendrot, Uluru-Kata Tjuta National Park

# Drache im Westentaschenformat

Die Wüste ist ein äußerst schwieriger Lebensraum. Über mehrere Jahre hinweg fällt oft kein Regen. Im Sommer können die Temperaturen auf über 50 °C im Schatten ansteigen. In der prallen Sonne wurden Bodentemperaturen von 94 °C gemessen. Nachts hingegen kühlt es stark ab. Im Winter sinken die Temperaturen sogar manchmal unter den Gefrierpunkt. Um in dieser klimatischen Hölle zurechtzukommen, weisen viele Tiere und Pflanzen Sonderanpassungen auf, ohne die ein Überleben unmöglich wäre. Ein Meister seines Faches ist der nur 15 Zentimeter lange Dornenteufel. Im Unterschied zu vielen anderen Bewohnern der Wüste ist er während der Hitze des Tages aktiv und macht sich mit langsamen, ruckartigen Bewegungen auf die Suche nach seiner Lieblingsmahlzeit: Ameisen. Der Körper des Dornenteufels ist übersät mit scharfen Stachelschuppen. Neben dem Schutz spielt dieser Panzer auch eine wichtige Rolle bei der Wasseraufnahme. Regen und Tau werden die Schuppen entlang direkt zu den Mundwinkeln geleitet.

Dornteufel, *Moloch horridus*

Ein Geschenk des Regens: blühende Sturts-Wüstenerbsen, *Clianthus puniceus*

Palm Valley Creek, Finke Gorge National Park

## Grüne Oasen im Schatten hoher Felswände

Mehrere parallel gelagerte Ketten steiler Hügel, deren einzelne Glieder in unregelmäßigen Abständen durch tiefe Einschnitte voneinander getrennt sind, ziehen sich in einem 400 Kilometer langen Bogen von Ost nach West durch das Herz des Kontinents. Dies sind die MacDonnell Ranges. Flüsse haben in längst vergangenen Tagen, als noch üppige Vegetation die Region bedeckte, Passagen durch den Fels gegraben. Heute liegen die Flußbetten meist als trockene Bänder aus feinem, weißen Sand in der Sonne. Nur wenn tropische Stürme bis ins Landesinnere vordringen und die Wüste für kurze Zeit Regen im Überfluß empfängt, schießt eine braune Flut zwischen den weißen Stämmen der Eukalypten hindurch, um innerhalb weniger Tage wieder zu versiegen. Doch zwischen den Falten der MacDonnell Ranges versteckt, überdauern zahlreiche Wasserlöcher die lange Dürre. Palmen und Farne wiegen sich sanft im Wind. Sie sind die letzten Überlebenden der einst riesigen Wälder, die vor Millionen von Jahren diesen Teil des Landes einnahmen. Die grünen Oasen sind Zeitkapseln des Lebens und als Tränken von großer Bedeutung für zahllose Bewohner der Wüste, wie zum Beispiel das zierliche Felsenkänguruh.

Schwarzfuß-Felsenkänguruh, *Petrogale lateralis*

Devils Marbles, Devils Marbles National Park

## Auf dem Bocciaparcours des Teufels, oder wo Sonne, Wind und Wasser den Fels zu Kugeln formen

Wie vergessenes Spielzeug von Giganten liegen 420 Kilometer nördlich von Alice Springs riesige Felskugeln verstreut im roten Sand der Wüste. Nach der Mythologie der Aborigines handelt es sich hierbei um die Eier der Regenbogenschlange. Die moderne Wissenschaft fand eine wesentlich weniger originelle Erklärung. Vertraut man Geologen, so waren alle diese überdimensionalen Murmeln ursprünglich Teil eines einzigen Granitblocks, der durch Wasser in Würfel zerschnitten wurde. Im Laufe von Millionen von Jahren schälten sich anschließend durch die Einwirkung von Sonne, Wind und Regen die äußeren Felsschichten wie die Häute einer Zwiebel ab. Zurück blieben Kugeln von mehreren Metern Durchmesser.

Auch die Tierwelt dieser Region trägt zum australischen Kuriositätenkabinett der Natur bei. Unter dem Sand verborgen befinden sich die Nester von Honigtopfameisen. Ihre wichtigste Nahrungsquelle ist der Nektar von Akazienblüten. Da dieser aber nur sporadisch zur Verfügung steht, verfüttern die Tiere in Zeiten der Fülle den süßen Saft an besondere Arbeiterinnen, deren Hinterleib zu fingernagelgroßen Vorratsbehältern anschwilt.

Honigtopfameisen, *Camponotus inflatus*

## Hitze, Staub und wenig Aussicht auf Schatten

In der Regel versteht man unter dem Begriff Wüste eine Region, die neben geringen Niederschlägen fast keine Vegetation aufweist. Dem ersten Kriterium wird Zentralaustralien problemlos gerecht. 60% des Landes empfängt im Jahresdurchschnitt weniger als 250 Millimeter Regen. Eine gänzlich kahle Landschaft, gekennzeichnet durch das nahezu vollständige Fehlen einer Pflanzendecke, wie man es von den pfadlosen, nackten Einöden der Sahara und Gobi kennt, ist auf dem Inselkontinent allerdings die Ausnahme. Die Dünenlandschaft der Simpson Desert in der Südostecke des Nördlichen Territoriums kommt diesem vorgefaßten Klischee noch am nächsten. Das sandige Meer schlägt hier bis zu 40 Meter hohe Wellen, die vom Wind getrieben langsam über das flache Land wandern. Die Simpson Desert gehörte zu den letzten weißen Flecken auf unserem Globus. Erst in den 30er Jahren dieses Jahrhunderts begann man diesen lebensfeindlichen Teil Australiens zu erforschen.

Sanddüne im Herzen Australiens nahe Alice Springs

Riesenwaran, *Varanus giganteus*

## Das Reich der Schlangen, Eidechsen und Warane

Australien ist der Kontinent der Reptilien. Vertreter von über 700 Kriechtierarten krabbeln, rennen oder schlängeln sich durch den australischen Busch. Und nirgendwo im Land nehmen die Reptilien eine dominantere Stellung ein als in den Wüsten und Halbwüsten. Zu sehen bekommt man sie allerdings selten. Der Glutofen der Wüste liegt tagsüber wie tot unter der brütenden Sonne. Während der Mittagsstunden liegt die hochgiftige Todesotter versteckt im kühlen Schatten eines Busches. Erst mit Einbruch der Dunkelheit begibt sie sich auf die Jagd nach kleinen Nagetieren. Nur im Winter, wenn ihr die Nächte zu kalt werden, ist sie am Tag aktiv. Obwohl sie von allen Giftschlangen der Welt die größte Menge Gift pro Biß produziert, welches zudem stärker wirkt als das einer Königskobra, ist sie für den Menschen ungefährlich, läßt man sie in Ruhe. Nur bei Berührung schreitet sie zur Verteidigung. Aufgrund ihres passiven Verhaltens hieß sie ursprünglich «Deaf Adder» (Taubotter). Erst später wurde daraus «Death Adder» (Todesotter).

Zu den wenigen tagaktiven Tieren in der Wüste gehört der Riesenwaran. Seine widerstandsfähige Haut versetzt ihn in die Lage, selbst der Mittagshitze zu trotzen. Ausgewachsene Tiere messen von Schnauze bis Schwanzspitze über zwei Meter. Im Landesinneren erreichen unter den Reptilien lediglich einige Pythons größere Körpermaße.

Todesotter, *Acanthophis pyrrhus*

**Die Bungle Bungles: Steinerne Bienenkörbe am Rande der Wüste**

Hoch im Norden, in einer Kehre des Ord River, dort, wo Wüste und Savanne eins werden, erheben sich die rot-schwarz gestreiften Dome der Bungle Bungle Range über das flache Umland. Ihre Bänderung

Picaninny Gorge, Bungle Bungle National Park

verdanken diese labyrinthartig angeordneten Felsformationen Furnieren aus Silikat und Flechten, die wie dünne Häute den weichen Sandstein überziehen. Verborgen in der Weite des Outback waren die Bungle Bungles noch vor wenigen Jahren nur einer Handvoll Insidern bekannt. Inzwischen sind sie Teil eines 300 000 Hektar großen Nationalparks. Doch aufgrund ihrer Abgeschiedenheit führen die Bungle Bungles auch im Zeitalter des Massentourismus weiterhin ein recht beschauliches Dasein.

Fünftes Kapitel

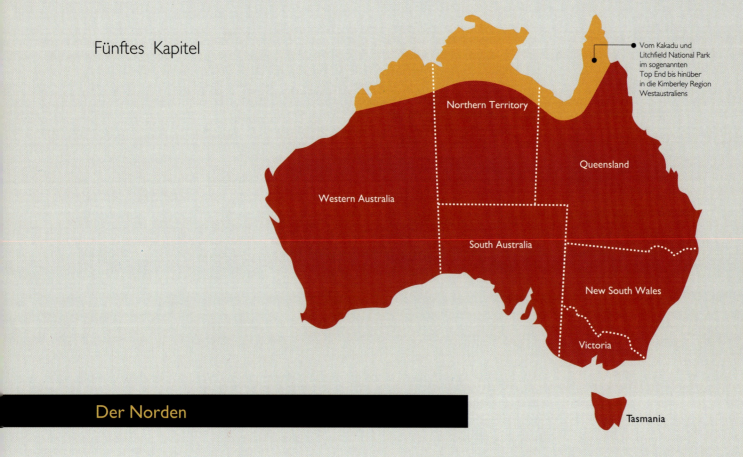

Vom Kakadu und Litchfield National Park im sogenannten Top End bis hinüber in die Kimberley Region Westaustraliens

## Der Norden

**Das Land unter dem Regenbogen**

Ein breiter Savannengürtel säumt Australiens Nordküste. In diesem Teil des Kontinents beherrscht der Monsun den Rhythmus des Lebens. Im halbjährlichen Turnus wechseln Regen- und Trockenzeiten miteinander ab. Von Blitzen durchzuckte Wolkengebirge türmen sich zwischen Oktober und Dezember drohend über der Savanne auf. Gewitterstürme bringen für kurze Zeit Abkühlung in der schwülen Hitze, bis schließlich am Anfang des neuen Jahres der Monsun mit seiner vollen Gewalt einsetzt und sintflutartige Regengüsse die Region überziehen. Ende März beginnen die Niederschläge nachzulassen. Eine Südostbrise zerreißt die Wolkendecke und drängt die feuchte Luft nach Norden. Unter einem dunkelblauen Himmel trocknet das Land in den anschließenden Monaten allmählich aus, um sich aufs neue in ein grünes Paradies zu verwandeln, sobald sich der Zyklus schließt und die ersten Stürme des Vormonsuns das Ende der Dürre verkünden.

Nabulwinjbulwinj, ein böser Geist, Anbangbang Galerie, Kakadu National Park

Der geschwungene Pfad des Fitzroy River nahe Derby

# Lebenspendende Korridore am Saum des Kontinents

In unzähligen Windungen schlängeln sich die Flüsse im Norden des Inselkontinents dem tropischen Meer zu. Mangroven fassen ihre den Gezeiten ausgesetzten Unterläufe in helles Grün. Diese hochspezialisierten Pflanzen sind die Wegbereiter der reichen Ökosysteme, die sich zu beiden Seiten der Wasserläufe ausdehnen. Sedimente fangen sich zwischen ihren Wurzeln, und neues Land wird gewonnen. Natürliche Dämme entwickeln sich und schützen das tiefliegende Land bei Flut vor dem Eindringen von Salzwasser. In der Regenzeit, wenn die Ströme anschwellen und die braunen Fluten sich über die Deiche ergießen, bilden sich flache Binnenseen zu beiden Seiten der Flußkorridore. Diese Feuchtgebiete sind Krippen des Lebens, die mit Fortschreiten der Trockenzeit wieder zusammenschrumpfen, bis sie zu kleinen Oasen in einer braunen Graslandschaft werden, in denen sich die Bewohner dieses Lebensraums drängen und auf die Wiederkehr des Monsuns warten.

# Kaleidoskop der natürlichen Vielfalt

Wenn der große Regen vorübergezogen ist und der Wasserspiegel auf den Überflutungsebenen zu sinken beginnt, erblühen die seichten Uferzonen der Feuchtgebiete. Ungezählte Wasservögel versammeln sich an den tiefen Billabongs und an Senken, in denen sich schale Pfützen bis spät ins Jahr halten. Myriaden von Kaulquappen, Insektenlarven und Jungfischen verwandeln diesen nassen Lebensraum in ein überladenes Bankett. Aus Sicht der Vögel haben die Überflutungsebenen ihre alljährliche Metamorphose in ein Schlaraffenland vollzogen. Die Futtersuche gestaltet sich zu einem Schnellimbiß. Viele ziehen nun ihre Jungen groß. Am Ufer aalen sich die Herrscher der

Indische Seekanne, *Nymphoides indica*

Feuchtgebiete, die Leistenkrokodile, auf dem warmen Sand. Nachdem am späten Vormittag die Strahlen der Sonne die Frische der frühen Morgenstunden vertrieben haben, schieben sich diese bis zu 6 Meter langen und 900 Kilo schweren urzeitlichen Kolosse auf exponierte Sandbänke, um sich aufzuwärmen. Mit steigenden Temperaturen sperren sie ihr Maul auf, um durch Verdunstung ihr Gehirn kühl zu halten, während sich der übrige Körper weiter aufheizt.

Leistenkrokodil, *Crocodylus porosus*

Fisherman's Bend, Yellow Waters, Kakadu National Park

## Die zwei Gesichter der Savanne

In einem monsunalen Klima beherrschen abwechselnd feucht-tropische und wüstenartige Bedingungen das Land. Leben ist ohne Wasser nicht möglich, und so sind für die meisten Tiere und Pflanzen die Regenzeit und die sich anschließenden Monate eine Phase des Wachstums und der Vermehrung. Die Natur scheint zu explodieren. Wo zuvor verdorrtes Gras und verkohlte Erde das Erscheinungsbild der Savanne prägten, erfreut nach den ersten Niederschlägen des Vormonsuns frisches Grün das Auge. Trotzdem vermittelt dieser Lebensraum auf den ersten Blick ein Gefühl der Monotonie und Leere. Eukalypten stehen in lockeren Gruppen auf den weiten Grasebenen, doch außer einigen Vögeln erscheint der Busch wie ausgestorben. Dieser Eindruck trügt. Viele Tiere der Savanne sind nachtaktiv, und selbst farbenprächtige Bewohner der Baumwipfel wie die Rotnackenloris sind zwischen den grünen Blättern und orangefarbigen Blüten gegen den blauen Himmel nur schwer auszumachen.

Verdorrtes Land in der Trockenzeit, Kakadu National Park

Die Savanne ergrünt im warmen Regen, Kakadu National Park

Kragenechse, *Chlamydosaurus kingii*

## Die unsichtbaren Armeen des tropischen Graslandes

Mehr als 50 Termitenarten kommen im Norden Australiens vor. Ihre Hügel – von 6 Meter hohen Palästen, die an die Pfeiler gotischer Kathedralen erinnern, bis hin zu kleinen, unscheinbaren Kuppeln – sind ein fester Bestandteil der Savanne. Eine etablierte Kolonie kann aus über einer Million Mitgliedern bestehen. Auch wenn sie bei den Menschen wegen der Zerstörung von Bausubstanz in keinem guten Ruf stehen, sind Termiten als Verwerter von Pflanzenmaterial doch ein wichtiges Glied im Kreislauf der Natur. Hinzu kommt, daß die tropischen Savannen des Inselkontinents aufgrund der nährstoffarmen Böden keine Großtierherden tragen können. Die bedeutendsten Grasfresser in diesem Teil des Landes sind daher Termiten und nicht etwa Kängurus.

Termitenhügel dienen als Vorratslager, Brutkammern und vor allem als Klimaanlage. Wie Grabsteine auf einem Buschfriedhof wachsen die Bauten der Kompaßtermiten aus der schwarzen Erde am Rande des Tolmer-Plateaus südlich von Darwin. Die schmalen Bauwerke sind in Nord-Süd-Richtung ausgerichtet, um auf diese Weise morgens und abends der Sonne die größtmögliche Oberfläche darzubieten, wohingegen in der Hitze der Mittagszeit nur ein Minimum von der Sonne beschienen wird. Der Thermoregulation dient auch die Halskrause der Kragenechse. Ihre Verwendung im Drohverhalten entwickelte sich erst im nachhinein.

Farbenfrohe Vegetarier im offenen Buschland: der Leichhardt-Grashüpfer, *Petasida ephippigera*

Wolkenkratzer aus der Welt der Insekten: die Bauten der Kompaßtermiten, *Amitermes meridionalis*, Litchfield National Park

## Nackte Finger recken sich zum blauen Himmel

Die klimatischen Gegensätze der Regen- und Trockenzeit stellen hohe Anforderungen an die Bewohner der monsunalen Tropen. Manche Tiere wandern saisonal, um den Überflutungen oder der Dürre auszuweichen.

Viele Insektenarten überstehen die langen, niederschlagslosen Monate als Larvenstadien. Andere, wie zahlreiche Reptilien und Amphibien, harren in einer Art Trockenschlaf der Wiederkehr des Regens. Auch Pflanzen

Die Sonne versinkt nahe Derby in Nordwestaustralien hinter dem Flaschenstamm eines Boab, *Adansonia gregorii*

greifen auf besondere Strategien zurück. Unter Bäumen und Sträuchern, deren Vorfahren in ferner Vergangenheit nach Australien einwanderten und somit zu den natürlichen Immigranten zählen, ist der obligatorische Blattabwurf nach Ende des Monsuns weit verbreitet. Diese Taktik zur Verminderung des Wasserverlustes durch Verdunstung wendet z. B. der australische Boab an. Kahle Äste thronen unter einem wolkenlosen Firmament auf den bauchigen Stämmen der Boabs, als würden die Bäume mit gespreizten Fingern den Himmel um das Geschenk des Regens anflehen.

Sechstes Kapitel

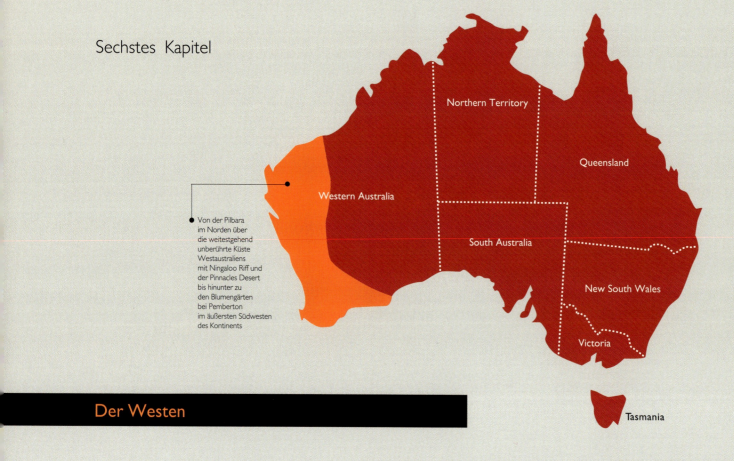

Von der Pilbara im Norden über die weitestgehend unberührte Küste Westaustraliens mit Ningaloo Riff und der Pinnacles Desert bis hinunter zu den Blumengärten bei Pemberton im äußersten Südwesten des Kontinents

## Der Westen

### Landschaftliche Vielfalt am Indischen Ozean

Der Westen Australiens ist eine verzerrte Kopie anderer Teile des Kontinents, ein natürliches Potpourri, in dem sich mit Ausnahme des Regenwaldes die einzelnen Landschaftsformen des Zentrums und des Ostens in abgewandelter Form wiederholen. Im Norden stoßen verwitterte Gebirgsketten weit in die Wüste vor. Flüsse, die für den größten Teil des Jahres nur aus einer Kette von isolierten Wasserlöchern bestehen, transportieren den wenigen Regen zum Indischen Ozean. Im äußersten Südwesten wachsen dichte Wälder in einem Klima, das durch heftigen Winterregen gekennzeichnet ist. Doch entfernt man sich vom Meer oder folgt der Küste nach Norden, so lassen die Niederschläge schnell nach. Schattige Eukalyptushaine machen einem breiten Band aus rollenden Weizenfeldern und unberührtem Busch Platz, der als Puffer die milde Südwestecke vor der Unbarmherzigkeit des Outback schützt.

Sturmwolken ziehen sich über der Chichester Range zusammen

## Die eiserne Schulter Australiens

Goldfarbene Spinifixgräser sitzen wie pflanzliche Igel auf dem mineralienreichen Gestein der Pilbara. Mangan, Asbest, Kupfer, Zinn, Tantal und vor allem Eisen haben diesen Landstrich reich gemacht und Menschen in eine Region gebracht, wie man sie sich lebensfeindlicher kaum vorstellen könnte. Marble Bar hält den Rekord für die heißeste jemals auf dem Kontinent gemessene Temperatur: 58 °C im Schatten. Seinen Namen hat der Ort von einer Felsrippe aus marmorähnlichem Jaspis, die hier das trockene Bett des Coongan River durchzieht.

Die Pilbara geizt mit ihren Reizen und wirft über ihre schönsten Flecken den Mantel des Unscheinbaren. So ist die Hemersley Range auf den ersten Blick nur eine Kette kahler Hügel, die auf breite Ebenen hinunterblicken. Doch verborgen in der gähnenden Leere der Landschaft liegen tiefe Schluchten, die dem schattensuchenden Wanderer an kühlen, grün umsäumten Wasserlöchern vor der Trostlosigkeit ringsum Asyl gewähren.

Jaspis verleiht dem Fels nahe Marble Bar eine marmorähnliche Struktur

Weißer Eukalyptus im Karijini National Park

Mit 18 Metern ein Gigant der Meere: der Walhai, *Rhincodon typicus*

## Das unbekannte Riff am Indischen Ozean

Von den Gezeiten umtoste Klippen, gelegentlich unterbrochen von einsamen Sandstränden, markieren das westliche Ende Australiens. Zwischen Kap Farquhar und dem Nordwestkap nahe Exmouth, an seinem am weitesten ins Meer hinausragenden Zipfel, schützt ein 250 Kilometer langes Riff das Festland vor der Macht der See. Ningaloo Reef stand lange im Schatten seines großen Bruders von der Ostküste, dem Großen Barriereriff, obwohl es ihm an Artenreichtum in nichts nachsteht und einfacher zu erreichen ist. Doch Ende der 80er Jahre rückte das Riff schlagartig ins Rampenlicht, als man hier auf die Spur einer biologischen Sensation stieß. Walhaie besuchen alljährlich zwischen März und Mai Ningaloo Reef, um die reichen Planktonvorkommen in diesem Unterwasserparadies zu nutzen. Bisher fanden die sanften Riesen Schutz vor der Neugier des Menschen in der Weite des Ozeans. Um so mehr verwandelte sich Ningaloo Reef schnell in ein Mekka für Tauchsportler, Naturfotografen und Biologen, die sich die Chance nicht entgehen lassen wollten, die seltenen Tiere in freier Wildbahn zu beobachten.

Point Quobba nördlich von Carnarvon

**Zinnen aus Sand zwischen wandernden Dünen**

In einem Land, das seinen typischen Charakter dem hohen Alter der Landschaft verdankt, mutet es befremdlich an, daß eine seiner bekanntesten Attraktionen, die Pinnacles Desert im Nambung National Park nördlich

Die Pinnacles Desert, Nambung National Park

von Perth, noch vor 200 Jahren unter Dünen begraben lag. Seitdem hat die stetige Seebrise bis zu vier Meter hohe Fialen aus dem Sand geschält. Diese Zinnen und Pfeiler, die aussehen, als hätten sie dem Architekten der berühmten Kirche *La Sagrada Familia* in Barcelona Modell gestanden, verdanken ihre Entstehung Sickerwasser, das sich hier durch eine kalkhaltige Gesteinsformation fraß. Der gelöste Kalk fiel später wieder aus und diente als Bindemittel in Schäften aus feinem Sand, die so zu skurrilen Säulen zusammenzementiert wurden.

## Botanischer Garten am Rand des Kontinents

Eine Eruption der Farben begrüßt den Frühling im regenreichen Südwesten Australiens. Isoliert vom klimatisch vergleichbaren Südosten des Kontinents durch die Weite der Nullarbor Plain und abgeschirmt nach Norden durch die Wüste, hat sich hier ein einzigartiges, floristisches Traumland entwickelt, das auf der Welt vergeblich seinesgleichen sucht. Blühende Akazien, Kennedien und Grevilleaceen zaubern rote, gelbe, violette und blaue Tupfer auf den Waldboden und verwandeln die Forste in impressionistische Gemälde. Königinnen unter den Wildblumen sind allerdings die vorwiegend im offenen Buschland beheimateten Banksien, die vom winzigen Honigbeutler bestäubt werden.

˄ Honigbeutler, *Tarsipes rostratus*, in Menzies' Banksia, *Banksia menziesii*  ˅ Wildblumenbeet nahe Pemberton

# Klima

## Land zwischen Dürre und Überflutung

**Sonnenverbranntes Land, so weit das Auge reicht, roter Sand, der sich bis zum Horizont ausdehnt, die farbliche Monotonie von einzelnen Grasbüscheln und einer gelegentlichen Wüsten-Casuarina unterbrochen, so stellen sich die meisten die typische australische Landschaft vor.**

Und so falsch liegt man damit nicht. Australien ist von den besiedelten Kontinenten der bei weitem trockenste. Über 60% des Landes erhält weniger als 250 Millimeter Regen im Jahr. Im Zentrum Australiens breiten sich riesige Wüsten aus, die sich im Westen bis an den äußersten Rand des Kontinents, dort wo sich der Indische Ozean an seiner Küste bricht, ausdehnen. Drei Viertel der australischen Flüsse verdunsten oder versickern im Sand, bevor sie ihre Mündung erreichen. Der Finke River in Zentralaustralien führte zum letzten Mal vor über 20000 Jahren ständig Wasser. In unserer Zeit erreicht er nur in ungewöhnlich nassen Jahren sein Ziel: die trockenen Salzpfannen des Lake Eyre. Das größte Ereignis in Alice Springs ist die alljährlich im Oktober auf dem Todd River stattfindende Regatta, die man ohne Übertreibung als das verrückteste Bootsrennen der Welt bezeichnen kann. Die Teilnehmer wissen in den wenigsten Fällen, wie man ein Ruder oder Paddel hält, was aber auch nicht nötig ist, da der Fluß praktisch nie Wasser führt. Die Todd River Regatta dürfte daher der einzige «Wassersportwettbewerb» sein, bei dem nicht die Boote – in den meisten Fällen handelt es sich nur um Attrappen – die Passagiere tragen, sondern umgekehrt. 1993 wäre es allerdings theoretisch möglich gewesen, ein – wenn man so will – reguläres Rennen durchzuführen, hätte man die Regatta fünf Monate vorverlegt. Nach Wolkenbrüchen blühte die Wüste, und eine rotbraune Flut wälzte sich das Bett des Todd River hinunter.

Solche Wetterkapriolen sind typisch für das Landesinnere. Die 250 Millimeter oder weniger Jahresniederschlag sind Durchschnittswerte. Sie fallen nicht gleichmäßig über das Jahr verteilt und auch nicht jedes Jahr. Wenn der Regen kommt, gießt es für einige Tage wie aus Kübeln, danach kann man den Regenschirm – sofern man einen hat – wieder getrost für einige Jahre wegpacken. Alice Springs verzeichnet bis zu 3500 Sonnenstunden im Jahr. Umgerechnet bedeutet dies, daß einem im Durchschnitt die Sonne 8 Stunden pro Tag unverhüllt aufs Haupt brennt. In Mitteleuropa ist dies statistisch gesehen nur an 3 Stunden pro Tag der Fall. Für Sonnenanbeter scheinen in Zentralaustralien traumhafte Bedingungen zu herrschen, nur wäre in den Sommermonaten Dezember bis Februar eine Teint-versessene Person in kurzer Zeit gar. Die Tagestemperaturen liegen bei deutlich über 40 °C im Schatten. Den Landesrekord hält Marble Bar in der Pilbara Westaustraliens mit 58 °C. Allein die sehr geringe Luftfeuchtigkeit macht ein Leben in dieser Hitze überhaupt möglich.

Überschreiten im australischen Sommer die Temperaturen in Alice Springs häufig die Grenzen des Erträglichen, so sind die Wintermonate zwischen Mai und August die reinste Wonne. In den Nächten kann es zwar empfindlich kalt sein, aber tagsüber herrschen meist angenehme 20 Grad – ideale Bedingungen, um Ayers Rock und den anderen Sehenswürdigkeiten im roten Herzen des Landes einen Besuch abzustatten.

Um den ariden Kern des Landes liegt ein hufeisenförmiges Band, in dem die Niederschläge zwischen 400 und 600 Millimeter liegen, was noch immer deutlich unter mitteleuropäischen Werten liegt (die meisten Teile der Schweiz verzeichnen rund 1000 mm Niederschlag im Jahr). Dieser trockene Inlandgürtel ist eine Landschaft, in der weite Grasebenen und Savannen das Erscheinungsbild prägen. Schafe suchen auf endlos erscheinenden Weiden nach Nahrung, und im Süden, wo die Temperaturen etwas kühler sind und die Sonne nicht gar so unbarmherzig brennt, wird mit der Hilfe von Berieselungsanlagen Getreide angebaut. Doch auch in diesen Gebieten bleibt der Regen manchmal für Jahre aus. Insbesondere das westliche Queensland und Neusüdwales werden mitunter von lang anhaltender Dürre heimgesucht. In Hungerjahren halten ausgemergelte Schafe verzweifelt nach dem letzten, spärlichen Grün Ausschau. Wenn aber dann endlich der lang ersehnte Regen kommt, fällt er meist in solchen Sturzbächen, daß ganze Landstriche unter den Wassermassen verschwinden, womit den Tieren und den Farmern auch nicht gedient ist.

Niederschläge oberhalb 600 Millimeter sind in Australien auf den äußersten Südwesten des Landes, auf den hohen Norden und auf die Ostküste einschließlich Tasmanien beschränkt. Nur hier finden wir dichte Vegetation und geschlossene Wälder, allerdings nicht überall. Der hohe Norden Australiens liegt im Einflußbereich des Monsuns. In diesem Teil des Landes unterscheidet man nicht zwischen Winter und Sommer, sondern zwischen Trocken- und Regenzeit, zwischen trocken/heiß und schwül/brütendheiß. Darwin im sogenannten Top End Australiens verzeichnet bis zu 1600 Millimeter Regen im Jahr. 95% davon geht in den Sommermonaten Dezember bis März nieder. Die Monate Mai bis Juli sind durch strahlend blauen Himmel gekennzeichnet, an den sich fast nie eine Wolke verirrt. Während insbesondere im Vormonsun im November/Dezember die Temperaturen 40 °C überschreiten können – und dies bei unangenehmer 90%iger Luftfeuchtigkeit –, ist es im tropischen Winter meist angenehme 27-30 °C warm, und die Luft ist trocken. Diese starke Saisonalität der Niederschläge hat aber zur Folge, daß üppige Wälder nur an permanenten Quellen und in geschützten Felsschluchten geeignete Wachstumsbedingungen finden.

Auch im nördlichen Teil der Ostküste spürt man noch die Auswirkungen des Monsuns, doch aufgrund der Küstengebirge und des während der «Wintermonate» blasenden Südostpassats, der feuchte Luft vom Meer heranträgt, gibt es hier keine ausgeprägte Trockenzeit, und dichter Dschungel bedeckt die Berghänge und Ebenen. Je weiter man nach Süden kommt, desto mehr verliert der Monsun seine Wirkung, bis bei Sydney die Niederschläge ziemlich gleichmäßig über das Jahr verteilt fallen. Die Sommer sind hier meist schwül-heiß. Im Winter fällt die Quecksilbersäule dafür nur selten unter 15 °C. Im äußersten Süden des Landes und insbesondere im Südwesten geht der größte Teil der Niederschläge schließlich unter umgekehrten jahreszeitlichen Vorzeichen nieder: die nassesten Monate liegen im milden Winter. Der Grund hierfür liegt in einer Verlagerung des zentralaustralischen Hochdruckgebietes während der kalten Jahreszeit nach Norden. Stürme aus den Südmeeren gelangen auf diese Weise bis an die Küste des Kontinents, wo sie ihre feuchte Fracht abladen. Die Australier nennen diese beißenden Winde «Westerlies». Jenen regenbeladenen Sturmfronten verdanken auch die temperaten Regenwälder an Tasmaniens Westküste ihre Existenz. Richtig frostig wird es allerdings selbst im weiten Süden des Landes nicht. Schnee fällt nur in den Hochlagen der australischen Alpen und auf dem Zentralplateau Tasmaniens. In Melbourne hingegen muß man sich um Glatteis nie Sorgen machen. Im Juli und August pendelt das Thermometer tagsüber meist zwischen 10 und 15 °C. Im Sommer ist es in der Regel um die 25 °C warm, gelegentlich können aber auch 30 °C deutlich überschritten werden. Im Grunde sind diese milden Winter und warmen Sommer nicht weiter verwunderlich. Nimmt man den Breitengrad als Maßstab, so ist Athen Melbournes geographisches Gegenstück auf der Nordhalbkugel.

Landunter während der Regenzeit, Kakadu National Park

1 Winterstürme treiben Wellenbrecher gegen die Küste Tasmaniens, Freycinet National Park

2 Geländewagen auf der Piste nach Marble Bar, Westaustralien

3 Ackerbau vor den Glashausbergen, Queensland

# Geographie

## Greiser Zwerg unter den Kontinenten

Australien ist der kleinste Kontinent der Erde. Mit knapp 7,7 Millionen Quadratkilometern Fläche besitzt er in etwa die Größe der USA, wenn man Alaska nicht mit einrechnet. An seiner breitesten Stelle mißt der Inselkontinent knapp 4000 Kilometer von Ost nach West und 3 200 Kilometer von Nord nach Süd.

In bezug auf die Besiedlungsdichte befindet sich Australien allerdings in einer anderen Kategorie als die Vereinigten Staaten. Mit weniger als 17 Millionen Einwohnern befindet sich das Land am unteren Ende der Bevölkerungsstatistik. Nur die Antarktis ist dünner besiedelt. Allerdings sind solche Zahlen irreführend, da die Bevölkerung nicht gleichmäßig über ganz Australien verteilt ist. 80% des Kontinents bestehen aus Wüste oder Halbwüste und eignen sich nicht zur Besiedlung. Und so leben 70% aller Australier in den großen Metropolen des Landes. Fast die gesamte Agrarwirtschaft konzentriert sich auf einen 300-400 Kilometer breiten Gürtel, der sich von Rockhampton nördlich von Brisbane bis zur Eyre Peninsula westlich von Adelaide erstreckt. Ein weiteres landwirtschaftliches Zentrum befindet sich im äußersten Südwesten des Kontinents, zwischen Geraldton nördlich von Perth und Albany an der Südküste Westaustraliens. Doch selbst in diesen relativ fruchtbaren Gebieten müssen in der Regel Spurenelemente dem Vieh zugefüttert werden, um Mangelkrankheiten zu vermeiden, und ohne große Mengen Dünger ist der Anbau von Getreide und anderen Nutzpflanzen meist ein hoffnungsloses Unterfangen. Nährstoffarme Böden sind charakteristisch für den Inselkontinent. Verantwortlich für die aus Sicht der Landwirtschaft generell schlechte Qualität des Erdreichs ist die geologische Stabilität der australischen Platte und das daraus sich ergebende hohe Alter der Landschaft. Auch wenn sich in den Gebirgszügen entlang der Ostküste und im Südwesten geringe seismische Aktivität messen läßt, ist Australien eine der tektonisch ruhigsten Landmassen unserer Erde. Im Gegensatz zu Europa, Asien oder Amerika waren hier seit 100 Millionen Jahren keinerlei bedeutende gebirgsbildende Kräfte am Werk, keine mächtigen Gipfel streckten ihr eisbedecktes Haupt gegen den Himmel. In der Blüte ihres «Lebens» waren Gebirgszüge wie die MacDonnell Ranges im Zentrum des Landes eine majestätische Erscheinung. Damals, vor über 350 Millionen Jahren, bestanden die MacDonnell Ranges aus einer Serie schneeverkrusteter Bergketten, deren mächtigste Zinnen dem Mt Everest Konkurrenz gemacht hätten. Wind, Regen, Eis und Schnee haben die einst gewaltigen Felstürme zu einem Schatten ihres ehemaligen Glanzes reduziert. Mt Zell, der höchste Gipfel der MacDonnell Ranges, mißt heute nur noch 1531 Meter. Und das abgetragene Material hat das umliegende Land in eine schier endlose Ebene verwandelt, deren Eintönigkeit nur selten von Felsformationen, die sich wie Klippen aus einem roten Meer erheben, unterbrochen wird. Die MacDonnell Ranges sind keineswegs ein Ausnahmefall. Fast der gesamte Westen Australiens sowie das Zentrum und der Norden des Landes sind aus Gestein aufgebaut, das seinen Ursprung in einer Epoche der Erdgeschichte hat, als alles Leben auf unserer Welt auf primitive marine Organismen beschränkt war und es noch keine landlebenden Tiere oder Pflanzen gab. Am Mt Narryer in der Murchison Range Westaustraliens wurden Sedimente entdeckt, die 4,2 Milliarden Jahre alte Kristalle enthalten. Sie müssen sich somit kurz nach dem Erkalten der Erdkruste gebildet haben. Auf der ganzen Welt hat man bisher keine älteren Felskristalle gefunden.

Die Bedeutung von geologischer Aktivität für die Erneuerung des Erdreichs und für den Nährstoffgehalt des Bodens zeigen die Darling Downs westlich von Brisbane. Vulkanische Aktivität vor etwa 25 Millionen Jahren, die die Region mit Asche und Basalt eindeckte, verwandelte dieses Gebiet in einen der produktivsten Landstriche Australiens.

Die Darling Downs sind eine Ausnahme. Würde man sich auf eine transkontinentale Autoreise von Brisbane nach Perth quer durch das Zentrum des Landes begeben, zögen grüne Wälder und Wiesen nur auf den ersten zweihundert Kilometern am Fenster des Jeeps vorbei. Der schmale, fruchtbare Küstenstreifen verliert sich schon bald in den verwitterten Gebirgszügen der Great Dividing Range, die sich in einer ununterbrochenen Kette von der Spitze des Kap York fast in Sichtweite von Neuguinea bis hinunter in den äußersten Süden des Landes ziehen. Nur im südlichen Abschnitt der Great Dividing Range – in den sogenannten Australischen Alpen – und im Hochland von Tasmanien reichen die Bergkuppen bis in alpine Zonen, in denen im Winter auch Schnee fällt.

Westlich der Bergkette verflacht das Land zusehends, und es wird trockener, bis man schließlich Birdsville, die letzte Ansiedlung am Rande der Simpson Desert, erreicht. 600 Kilometer Sand und Staub liegen vor den abenteuerhungrigen Reisenden, bis das schwarze Band des Stuart Highways, der Südaustralien mit dem hohen Norden des Landes verbindet, die Endlosigkeit der Wüste unterbricht. Von dort trennen einen weitere 1700 Kilometer Wüste von Kalgoorlie, einer Kleinstadt in Westaustralien am südwestlichen Rand der Great Victoria Desert. Auf der langen Fahrt bieten gelegentlich ein paar Salzseen Abwechslung von der Monotonie der kargen Landschaft. Andernorts tauchen seltsame steinerne Erhebungen wie Ayers Rock und die Olgas am Horizont auf, und im Zentrum des Kontinents erwartet die unwirtliche Schönheit der MacDonnell Ranges den Reisenden. Weit im Süden enden die Sand- und Straucheben an den Klippen der Großen Australischen Bucht, an denen 100 Meter tiefer die Dünung des Ozeans nagt. Im hohen Norden geht die konturlose Wüste in eine hügelige Savannenlandschaft über, bis man schließlich das zerklüftete Arnhemland-Plateau mit seinen Regenwaldschluchten erreicht.

Kalgoorlie verdankt seine Existenz dem Gold, das hier noch heute geschürft wird, denn im Grunde befindet sich der Ort noch tief im sogenannten Outback. Um als landwirtschaftliches Zentrum zu fungieren, reichen die Niederschläge um Kalgoorlie nicht aus. Erst einige hundert Kilometer weiter westlich wird Getreide angebaut, und an der Küste um Perth und Geraldton wachsen Obstbäume. Im äußersten südwestlichen Zipfel des Landes stehen sogar wieder dichte Wälder. Und im Frühjahr schwelgt dieser Teil des Landes in einem Rausch von Blumen.

Von der Farbenfreude des Südwestens kann man weiter im Norden nur träumen. Zwischen Broome und Port Headland reichen die Dünenfelder der Great Sandy Desert bis ans Meer. Südlich davon geht die Gibson Desert in die zerklüftete, hügelige Einöde der Pilbara über, ein Gebiet, das aufgrund seiner Eisenerzvorkommen von großer wirtschaftlicher Bedeutung ist, aber außer rotem Fels und gelbem Gras dem Auge nur wenig an farblicher Abwechslung bietet. In Richtung Westen läuft die Pilbara in eine weitere Trockenebene aus, die schließlich am Indischen Ozean endet. Nur im Südwesten schließt sich an die Wüste ein landwirtschaftlich nutzbarer Streifen an.

## Übersichtskarten

## Australien aus erhöhter Perspektive

Die Landschaft und das Klima des Inselkontinents in ihrer zweidimensionalen Darstellung. Hinter den Farbschattierungen der Reliefkarte und der schematischen Ansicht der Temperatur- und Niederschlagsgrafiken verbirgt sich ein Land voller Kontraste und berauschender Vielfalt.

Dem Erfahrenen ermöglichen grafische Darstellungen, die Gegebenheiten einer Region auf den ersten Blick zu erfassen. Novizen hingegen benötigen in der Regel etwas länger, um sich mit Temperatur- und Niederschlagstafeln oder auch Reliefkarten vertraut zu machen. Insbesondere letztere bieten durch die notwendige Überhöhung von Landschaftsmerkmalen ein verwirrendes Bild. Gebiete erscheinen gebirgiger, als sie in Wirklichkeit sind. Ist man sich dieser Problematik bewußt, gewähren Reliefkarten jedoch einen Überblick, den man vor Ort nie erhalten könnte. So vereinen sich die einzelnen Felsrücken der MacDonnell Ranges zu imposanten Bergzügen, die in einem sanften Bogen das Zentrum des roten Kontinents zerteilen. An der Ostküste kann man das lückenlose, mehrere tausend Kilometer lange Band der Great Dividing Range ausmachen. Im Westen ordnen sich die runden Hügel der Hamersley und Opthalmia Ranges zu parallelen Ketten, die gemeinsam das zerfurchte Gesicht der Pilbara bilden. Hoch im Norden haben Wind und Wasser im Laufe von Jahrmillionen die Plateaulandschaft der Kimberley Region zu einem Labyrinth aus Felstürmen und Tafelbergen reduziert. Zum überwiegenden Teil ist der Rest des Kontinents fast ohne Kontur. Bei genauem Hinsehen schälen sich jedoch weiße Salzpfannen aus dem auf den ersten Blick strukturlosen Gelbgrün der Karte. Als das Klima noch feuchter war, erstreckten sich hier flache Seen. Und man erkennt alte Flußsysteme, die sich von der Great Dividing Range ins Innere des Landes winden, bis sie am trockenen Lake Eyre enden, wenn sie sich nicht bereits vorher unter den Dünen der Simpson Desert verlieren.

Vergleicht man die geographische Lage der australischen Großstädte mit den Temperatur- und Niederschlagskarten, wird deutlich, daß sie sich ausnahmslos in den feuchten, verhältnismäßig kühlen Klimaten befinden.

Neun von zehn Australiern leben in diesem gemäßigten Teil des Landes. Nur wenige wohnen im trockenen Inneren des Kontinents oder im tropischen Norden.

*Abdruck mit freundlicher Genehmigung des Geschäftsführers der Australian Surveying and Lands Information Group*

**Anmerkung:** Um sich der Position Australiens auf dem Globus bewußt zu werden, sollte man sich vor Augen führen, daß sich das im Südosten des Landes liegende Sydney in Relation zum Pol auf der gleichen Höhe befindet wie Beirut. Und die Distanz zum Äquator ist in Darwin etwa ebenso groß wie in Caracas.

*Nationalparks*
*Marine Schutzgebiete*

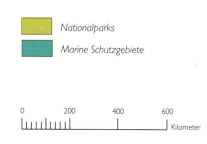

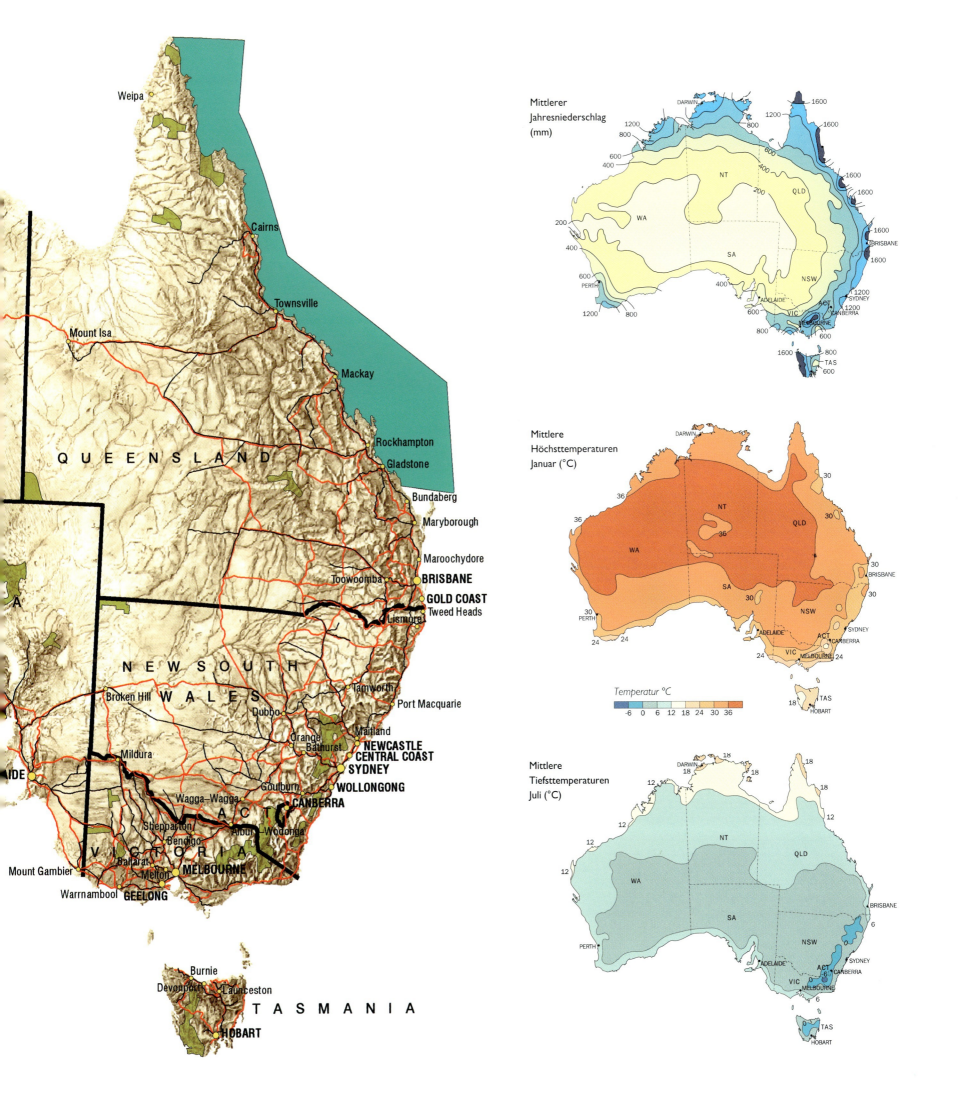

## Fauna

## Die Beuteltiere – Känguruh & Co.

Obwohl Australien nur zwischen fünf und sechs Prozent der Säugetiere beherbergt, ist das Land ein Schaukasten aus der Evolution dieser Wirbeltiergruppe. Und auch wenn die Artenvielfalt geringer ist als auf den anderen Kontinenten, so leben hier drei Viertel aller Beuteltiere.

Auf die Tierwelt Australiens angesprochen, tauchen vor dem geistigen Auge rötlichbraune Känguruhs auf, die mit weiten Sätzen durch den Busch huschen. Koalas sitzen fest verkeilt in einer Astgabel und blicken uns verschlafen aus großen dunklen Augen an. Nur einem «Reptilomanen» werden Warane, Krokodile oder Schlangen in den Sinn kommen, wenn sich das Gespräch dem Inselkontinent zuwendet. Und selbst den farbenprächtigen beflügelten Teil der Fauna von «Down Under» verbinden in der Regel nur die mit Australien, die schon einmal dort waren. Für fast alle sind Beuteltiere das Symbol der australischen Tierwelt schlechthin. Sogar im Staatswappen des Landes finden wir ein Känguruh und nicht etwa einen Adler. Allerdings sollte man aufgrund der Popularität der Beuteltiere in der breiten Öffentlichkeit nicht in die Versuchung kommen, hierin ein Indiz für die Artenvielfalt und Dominanz dieser Tiergruppe zu sehen. Knapp 160 Beuteltierarten stehen über 700 Vogelarten und einer kaum geringeren Anzahl an Vertretern aus der Welt der Reptilien gegenüber. Der Grund, daß Beuteltiere unser besonderes Interesse wecken, liegt vielmehr darin begründet, daß sie zu den Säugetieren gehören. Sie besetzen in Australien ökologische Nischen, die auf den anderen Kontinenten von Arten eingenommen werden, die uns relativ vertraut sind, wie Gazellen, Waschbären oder Eichhörnchen.

Zu den Säugetieren rechnet man die Angehörigen dreier Tiergruppen. Dies sind die auf Australien und Neuguinea beschränkten Monotremen oder eierlegenden Säugetiere, die Beuteltiere und die sogenannten Eutheria oder höheren Säugetiere. Ihnen allen gemeinsam ist der Besitz von echten Haaren, Milchdrüsen und eine Reihe morphologischer Merkmale, wie ein sogenanntes sekundäres Kiefergelenk, drei Mittelohrknochen und eine im Vergleich zu den Reptilien relativ hohe Entwicklung des Großhirns. Außerdem sind sie wie die Vögel in der Lage, ihre Körpertemperatur weitgehend unabhängig von der Außentemperatur konstant zu halten.

Die erfolgreichste Gruppe sind zweifelsohne die Eutheria, die alle Kontinente – einschließlich Australien – besiedelt haben und mit etwa 4000 Vertretern die große Masse der Säuger stellen. Die Beuteltiere und Monotremen haben der Artenvielfalt der Eutheria nur wenig entgegenzusetzen. Die obskure Welt der eierlegenden Säugetiere setzt sich aus drei Arten zusammen, und bringt man Ordnung in den bunten Beuteltierreigen, zählt man 242 Arten, von denen etwa 80 Vertreter in Südamerika beheimatet sind.

Der Name Beuteltier ist im Grunde verwirrend, da der Besitz bzw. das Fehlen eines Beutels keine Rückschlüsse zuläßt, ob es sich bei besagtem Tier um ein Beuteltier handelt oder nicht. Beutelähnliche Strukturen finden wir z. B. auch bei den Monotremen. Außerdem haben bei weitem nicht alle Beuteltiere einen Beutel. Männliche Individuen ja sowieso nicht, und bei den Weibchen mancher Arten, wie z. B. den Fleckenbeutelmardern, besteht der «Beutel» lediglich aus zwei seitlichen Hautfalten am Bauch, die sich zudem nur während der Tragzeit ausbilden. Andere Arten, wie viele kleine Zehenbeutler, haben nicht einmal dies. Kennzeichnend für die Beuteltiere ist vielmehr die Geburt der Jungen nach einer kurzen Tragzeit (12-40 Tage) in einem sehr frühen Entwicklungsstadium. Zu diesem Zeitpunkt sind die Jungen winzig klein, blind und nackt. Mit den bereits gut ausgebildeten Vorderextremitäten erreichen sie selbständig die Zitzen der Mutter, wo sie sich festsaugen und bleiben, bis sie sich voll entwickelt haben.

Wir lassen uns gerne dazu verleiten, die Beuteltiere bei einem Vergleich mit den auf dem Weltparkett dominierenden höheren Säugetieren als minderwertig und als Säugetiere zweiter Klasse zu betrachten. Ein Hauptargument scheint uns da der Fortpflanzungsmodus der Beuteltiere zu liefern. Es ist sicherlich richtig, daß einige Beuteltierarten ausstarben, nachdem höhere Säugetiere in ihren Lebensraum eingewandert sind. Andere sind in ihren Beständen bedroht und kommen nur noch in kleinen Rückzugsgebieten vor. In keinem einzigen Fall war jedoch die Art der Fortpflanzung ein entscheidender Faktor beim Zusammenbruch der Populationen. Ein Beuteltierweibchen ist durch ein Junges im Beutel sicherlich nicht mehr behindert als ein trächtiges plazentales Säugetier mit einem Fötus im Uterus. Zudem kann aufgrund der kurzen Tragzeit und relativ geringen Investition von Seiten des Muttertieres der Verlust eines Jungen wesentlich schneller ausgeglichen werden als bei höheren Säugetieren. Auch andere physiologische Eigenschaften der Beuteltiere, die man früher für primitiv hielt, wie eine im Vergleich mit den höheren Säugetieren tiefere Körpertemperatur (34-36 °C), bedingt durch eine niedrigere Stoffwechselrate, betrachtet man heute als spezielle Anpassungen an die Umwelt. Insofern kann man die Beuteltiere nicht generell als den Eutheria unterlegen bezeichnen, selbst wenn man die allgemein geringere Gehirnentwicklung einbezieht und man sich nicht des Eindrucks erwehren kann, daß die Beuteltiere bei Auseinandersetzungen mit höheren Säugetieren häufig schlichtweg überlistet werden. Intelligenz steht in keinem direkten Bezug zum Erfolg einer Art. In Südamerika halten die Beuteltiere bis heute die Nische der Insektenfresser und kleinen Raubtiere besetzt, obwohl seit einigen Millionen Jahren eine Landverbindung mit Nordamerika existiert, die eine Einwanderung von Konkurrenten ermöglicht. Und das Opossum ist in Nordamerika dabei, sein Verbreitungsgebiet auszudehnen.

Auch sind die Beuteltiere evolutionsgeschichtlich sicherlich keine Vorstufe der Eutheria, genauso wenig wie aus den Kloakentieren die Beuteltiere hervorgegangen sind. Vielmehr handelt es sich bei allen drei Säugetiergruppen um Parallelzweige, die sich unabhängig voneinander aus einem gemeinsamen Ursprung entwickelt haben.

**1** Der Große Kurznasenbeutler, *Isoodon macrourus*, hat mit 12,5 Tagen die kürzeste Tragzeit aller Säugetiere

**2** Das zierliche Nabarlek, *Peradorcas concinna*, ist mit 35 Zentimeter Länge eine der kleinsten Känguruharten

**3** Schnabeltier unter Wasser, *Ornithorhynchus anatinus*

**4** Die fleischfressende Gespenstfledermaus, *Macroderma gigas*, erreicht eine Spannweite von 40 Zentimetern

# Flora

## Die wundersame Welt der Blütenpflanzen

Eine farbenfrohe Blumenpracht in ungewöhnlichem Design charakterisiert die Flora des Landes. Verspielte Blüten geben Zeugnis von der Kreativität der Natur. Und die besten Werke ihrer schöpferischen Gabe finden sich in der Weitläufigkeit des australischen Buschs.

Den Erstentdeckern einer Region oblag schon immer das Recht, Landschaftsmerkmale zu benennen. Manche Namen wurden zu Ehren berühmter Persönlichkeiten gewählt, andere, um die Leistung einzelner Expeditionsmitglieder zu würdigen. In vielen Fällen spiegelt die Benennung aber auch Schlüsselerlebnisse wider, die die Teilnehmer an der Entdeckungsreise zum jeweiligen Zeitpunkt tief bewegten. Es ist daher bezeichnend, daß Captain James Cook die erste Bucht an der Ostküste Australiens, in der die *Endeavour* 1770 nach Überquerung der grenzenlosen Weite des Pazifiks vor Anker ging, auf den Namen Botany Bay taufte. Die Blütenpracht des Landes hatte die gesamte Besatzung in ihren Bann geschlagen. Die Botaniker an Bord sahen sich einer reichen Flora gegenüber, die ihnen nicht weniger fremd war als die Fauna den Zoologen. Die Isolation des Inselkontinents von anderen Landmassen über viele Millionen Jahre hat eine Fülle an Blumen, Sträuchern und Bäumen hervorgebracht, die ihren ganz eigenen, typisch australischen Charakter besitzen. Die Pflanzengemeinschaften in den unterschiedlichen Vegetationszonen des Landes werden insgesamt von über 12 000 Arten aufgebaut, von denen 80-90% auf den Inselkontinent beschränkt sind und nirgendwo sonst vorkommen.

Typisch für Pflanzenarten, die ihren Ursprung in Australien bzw. auf dem ehemaligen Superkontinent Gondwana haben, ist das Fehlen eines obligatorischen Laubabwurfes zu Beginn des «Winters» und die Ausbildung von sogenannten skleromorphen Strukturen, die sich in der weiten Verbreitung von harten, ledrigen Blättern, der Reduktion der Blattspreite und der Entwicklung von Blattstielblättern ausdrücken. Zu Anfang deutete man diese Blattcharakteristika als eine Anpassung an die allgemein sehr trockenen Bedingungen in Australien. Heute geht man allerdings davon aus, daß es sich hierbei ursprünglich um eine Antwort der Pflanzen auf die generell nährstoffarmen Böden handelt, die sich erst im nachhinein auch als sehr vorteilhaft erwies, als der Kontinent auszutrocknen begann. Zum typischen australischen Element der Flora des Inselkontinents zählt man die Eukalypten, die Akazien, die Proteaceen, zu denen die Banksien und die Grevilleaceen gehören, und ebenfalls die Grasbäume.

**Die Eukalypten.** Sind die Kängurus das Symbol für die Tierwelt Australiens, so nehmen die Eukalypten die gleiche Stellung in der Pflanzenwelt des Inselkontinents ein. Und wenn man einem Kontinent ein typisches Aroma zuordnen kann, dann wäre es im Fall von Australien der Geruch von brennenden Eukalyptuszweigen und -blättern. Über 450 verschiedene Eukalyptusarten kommen in Australien vor. Hierzu gehören über 100 Meter hohe Waldriesen wie auch kleine, kaum mannshohe Büsche. Sie haben eine Vielzahl von Habitaten erobert, von alpinen Regionen bis zu den Küsten des Landes, von den Feuchtgebieten im tropischen Norden bis in die Wüsten im Herzen des Kontinents. Keine andere Landmasse von vergleichbarer Größe wird derart stark von einer einzigen Pflanzengattung dominiert.

Zu den typischen Eigentümlichkeiten der Eukalypten gehört, daß Jugend- und Folgeblätter sich im Aussehen häufig deutlich unterscheiden, so daß man sie für das Laub unterschiedlicher Pflanzen halten könnte. Charakteristisch ist auch die Ausrichtung der Blätter. Insbesondere bei Eukalyptusarten, die die lichten, schattenlosen Trockenwälder des Landes beherrschen, präsentiert das Laub nicht die Spreite, sondern die Blattkante der heißen Mittagssonne, um so den Wasserverlust durch Verdunstung möglichst gering zu halten. Wie bei den Proteaceen existiert auch bei den Eukalypten eine Abhängigkeit zahlreicher Arten von regelmäßigen Buschbränden. Bei vielen Arten öffnen sich die Früchte erst nach Feuereinwirkung.

**Die Akazien.** Die Akazien sind mit 900 Arten die artenreichste Gruppe höherer Pflanzen in Australien. Das leuchtende Gelb der Blüten und satte Grün der Blätter prägt das Erscheinungsbild der Trockenwälder, Savannen und Strauchwüsten. Blühende Akazien verleihen dem Busch seine charakteristische farbliche Note. Nicht ohne Grund sind die Landesfarben Australiens Goldgelb und Grün.

Ebenso wie viele Eukalyptusarten sind auch die meisten Akazien extrem widerstandsfähig gegenüber Feuer. Typisch für die in Australien vorkommenden Akazien ist der Besitz von Blattstielblättern. Und im Unterschied zu den afrikanischen und südamerikanischen Akazienarten besitzen fast keine der hier vorkommenden Vertreter dieser Pflanzengattung Dornen.

**Die Proteaceen** (Banksien und Grevilleaceen). Die Proteaceen sind eine Gruppe Pflanzen, zu der sowohl dem Boden anliegende Büsche als auch kleine Bäume gehören. Vertreter der Proteaceen findet man auf allen Südkontinenten. Der überwiegende Teil der etwa 1400 Arten und über die Hälfte der 62 Gattungen sind allerdings in Australien beheimatet. Zu den australischen Repräsentanten der Proteaceen gehören zwei Gattungen, die Banksien und die Grevilleaceen, die durch Blüten gekennzeichnet sind, die ohne Zweifel zu den schönsten im gesamten Pflanzenreich zählen. Der Blütenstand einer Banksie besteht aus bis zu 6000 Einzelblüten, die in einem kolbenartigen Gebilde zusammengefaßt sind, das bis zu 15 Zentimeter hoch und fast ebenso breit sein kann. Bei Grevillea stehen die Einzelblüten in lockeren Ähren.

**Die Grasbäume.** Zu den ungewöhnlichsten Vertretern der australischen Flora gehören die bis zu vier Meter hohen Grasbäume, deren «Kronen» an manch verwegene Popfrisur erinnern. Insgesamt existieren 75 Grasbaumarten, die in ihrer Verbreitung ausnahmslos auf den australischen Raum beschränkt sind. Trotz ihrer Ähnlichkeit mit den Süßgräsern existiert keine engere Verwandtschaft. Dies wird insbesondere an den Blütenständen deutlich, die aus der Mitte des Blattschopfes als bis zu zwei Meter hohe Ähren emporragen, auf denen dicht gedrängt Tausende kleiner, sternförmiger Einzelblüten stehen.

1 *Grevillea goodii*

2 Blüte des Darwin Woolly-butt, *Eucalyptus miniata*, ein weitverbreiteter Baum in der Savanne

3 Akazienblüten

4 Blühender Grasbaum, *Xanthorroea australis*

# Nationalparks

## Die schillernden Perlen des Landes

Ein beispielhaftes Netz von Schutzgebieten umfaßt den gesamten Kontinent. In diesem ausgedehnten Nationalparksystem sind fast alle unterschiedlichen Lebensräume des Landes vertreten und werden in ihrer Ursprünglichkeit bewahrt.

«Ranger talk» bei Ubirr, Kakadu National Park

Australien ist eine junge Nation. Legt man europäische Maßstäbe an, ist sie noch nicht einmal den Kinderschuhen entwachsen. Die erste Flotte mit den frühen europäischen – zumeist unfreiwilligen – Siedlern an Bord durchsegelte die Einfahrt zum heutigen Hafen von Sydney vor wenig mehr als 200 Jahren. Bezüglich seines Nationalparksystems kann Australien allerdings auf eine relativ lange Geschichte zurückblicken. Der Royal National Park südlich von Sydney wurde bereits 1879 gegründet. Von allen Nationalparks unserer Erde ist nur Yellowstone in den Vereinigten Staaten älter. Insofern erscheint es etwas seltsam, daß der «Australian National Park & Wildlife Service», eine Behörde, die man inzwischen aufgrund ihres breit gefächerten Aufgabenbereichs in «Australian Nature Conservation Agency» umgetauft hat, erst im Jahre 1975 gegründet wurde. Auch verwaltet sie lediglich drei Nationalparks auf dem australischen Kontinent: Uluru-Kata Tjuta, Jervis Bay und Kakadu National Park. Hierzu gesellen sich noch einige marine Schutzgebiete, z.B. der Great Barrier Reef Marine Park, und die Norfolk Island, Pulu Keeling (Cocos Island) und Christmas Island National Parks. Die geringe Anzahl zu verwaltender Gebiete drückt sich natürlich ebenfalls in der Angestelltenzahl der ANCA aus. Insgesamt beschäftigt die ANCA in den Nationalparks etwa 100 Personen.

Aber solche Zahlen liefern ein falsches Bild, da die meisten australischen Nationalparks von den Regierungen der einzelnen Bundesstaaten bzw. Territorien verwaltet werden und nicht von einer übergeordneten Dachorganisation. Auch existieren neben den Nationalparks noch 49 andere Schutzgebiettypen, die 19 verschiedenen Regierungseinrichtungen unterstehen, wie z.B. Fischerei- und Forstbehörden. Alles zusammengerechnet besitzt Australien über 3400 geschützte Areale, die 50 122 745 Hektar oder 6,5% der Landfläche des Kontinents einnehmen. Die Fläche der marinen Parks umfaßt weitere 40 386 748 Hektar oder 4,5% der australischen Fischereizone. Ein wahres Heer von Angestellten, insgesamt über 2800 Personen, sind mit dem Management dieser Schutzgebiete betraut, und von staatlicher Seite werden für Verwaltungsaufgaben jährlich mehr als A$ 185 Millionen aufgewandt. Pro Jahr heißen die australischen Nationalparks 50 Millionen Besucher willkommen.

Die Nationalparks eines Landes bieten generell für Touristen und Reisende ideale Bedingungen, um die Natur einer Region näher kennenzulernen. Auch Australien stellt in dieser Hinsicht keine Ausnahme dar. Man sollte jedoch beachten, daß Australien ein sehr dünn besiedeltes Land ist. Viele der weniger berühmten und abgeschieden gelegenen Schutzgebiete besitzen daher fast keine Besuchereinrichtungen. Eine Schotterpiste, ein paar Wegweiser, Informationstafeln und einige Toilettenhäuschen sind manchmal alles, was die jeweilige Parkverwaltung für Besucher bereitstellt. Und zum Teil fehlen sogar solche minimalen Annehmlichkeiten. Betrachtet man es positiv, so ist zu betonen, daß man hier noch die Gelegenheit hat, Wildnis in seiner unberührten Form zu genießen. Erwartet man jedoch Unterkunftsmöglichkeiten, Besucherzentren, Tankstellen oder Läden, um die Kühlbox aufzufüllen, wird man bitter enttäuscht werden. Es ist daher ratsam, sich vor einer Fahrt in abgelegene Regionen beim jeweiligen Nationalparkdienst oder bei der örtlichen Polizei über die Gegebenheiten zu informieren.

**Anmerkung:** Nach der australischen Verfassung obliegt die Verwaltung der Landfläche den einzelnen Bundesstaaten bzw. Territorien, und die jeweiligen Regierungen reagieren ausgesprochen empfindlich, sobald von Canberra ihre Kontrolle eingeschränkt wird oder werden soll. So kommt es, daß der Name «National Park» zwar weitverbreitet ist, aber diese Schutzgebiete zum größten Teil von Bundesstaats- und Territorialregierungen gegründet und gemanagt werden und nicht von der Commonwealth Regierung.

**Daintree National Park**  Gründungsjahr: 1966
Größe: 76 000 ha – Besucherzahl: 500 000 – Hauptbesuchszeit: Juni-September – Anschrift: Daintree National Park, 53 Front Street, PO Box 251 – Mossman, QLD 4873 – Tel.: (070) 982 1888, Fax: (070) 982 279

Hinter Mossman, einem kleinen Ort im tropischen Norden von Queensland etwa 80 Kilometer nördlich von Cairns, erhebt sich eine wolkenverhangene Gebirgskette. Dichte tropische Regenwälder bedecken die steilen Berghänge. Dieser fast undurchdringliche Dschungel, der trotz des einheitlichen Bildes, das er dem Besucher auf den ersten Blick bietet, äußerst vielfältig ist, und die imposante Szenerie der Main Coastal Range waren der Grund für die Einrichtung eines Nationalparks in dieser Region. Heute gehört Daintree als Teil der sogenannten «Wet Tropics» von Nord-Queensland zum exklusiven Kreis der Welterbegebiete.

Regengüsse und permanente Quellen versorgen den Mossman River das ganze Jahr hindurch mit Wasser. Auf seinem nur wenige Kilometer langen Sturz hinunter zum Meer grub sich der Fluß eine tiefe Schlucht durch den Granit. Wohingegen der überwiegende Teil Daintrees unzugänglich ist, führt eine asphaltierte Straße zum unteren Abschnitt der Mossman River Gorge, wo man entlang einem 2,7 Kilometer langen Weg einen Einblick in die tropischen Regenwälder Australiens gewinnen kann. Die Baumfluchten in Daintree sind Teil des größten zusammenhängenden Regenwaldkomplexes in Australien. Ein Besuch der Mossman River Gorge und des inzwischen angeschlossenen Kap Tribulation ist ein Muß für Naturbegeisterte.

Andere lohnende Nationalparks in dem küstennahen Streifen Queenslands sind: Great Sandy National Park auf Fraser Island, 200 Kilometer nördlich von Brisbane, und Lamington National Park in den Bergen hinter Gold Coast. Bei ersterem handelt es sich um ein einzigartiges Schutzgebiet auf der größten Sandinsel der Welt. Letzterer ist wegen seiner handzahmen Papageien bekannt.

**Kakadu National Park**  Gründungsjahr: Gründung in drei Stufen zwischen 1979 und 1987
Größe: 1 980 400 ha – Besucherzahl: 240 000 – Hauptbesuchszeit: Trockenzeit (Mai – Juli)
Anschrift: Kakadu National Park, PO Box 71, Jabiru, NT 0886 – Tel.: (089) 799 101, Fax: (089) 799 198

Kakadu ist der größte terrestrische Nationalpark Australiens. Seine fast sprichwörtliche natürliche Vielfalt – z.B. nennt etwa ein Drittel der in Australien vorkommenden Vogelarten zumindest für einen Teil des Jahres den Park sein Zuhause – und sein kaum überschaubarer Reichtum an Kunstschätzen der australischen Ureinwohner haben ihn weltbekannt gemacht. Nicht ohne Grund wurde Kakadu von den Vereinten Nationen der Status eines Welterbegebietes verliehen. Kakadu befindet sich auf dieser Liste der Wunder unserer Erde in der Gesellschaft so klangvoller Namen wie die Serengeti, der Grand Canyon oder der Pyramiden von Gizeh. Was Kakadu selbst von diesen erlauchten Berühmtheiten abhebt, ist der Umstand, daß er nicht nur einem Aufnahmekriterium gerecht wurde, sondern allen.

Es gibt drei Sehenswürdigkeiten, die man nicht auslassen kann, wenn man von sich behaupten will, in Kakadu gewesen zu sein. Hierzu gehört Yellow Waters, ein Feuchtgebiet, das von Millionen von Wasservögeln besucht wird. Eine Bootstour auf Yellow Waters wird für jeden zu einem unvergleichlichen Erlebnis, insbesondere dann, wenn große Leistenkrokodile gemächlich am Boot vorbeigleiten. Nicht minder beeindruckend, wenn auch auf eine ganz andere Art, sind die berühmten Felsgalerien von Ubirr und Nourlangie. Tausende von Wandzeichnungen, von denen die ältesten vor 35 000 Jahren geschaffen wurden, bedecken hier den roten Stein. Um sich der Bedeutung Kakadus bewußt zu werden, sollte man sich vor Augen halten, daß Ubirr und Nourlangie nur zwei von über 5000 Fundstellen im Nationalpark sind, an denen Wandmalereien der australischen Ureinwohner entdeckt wurden. Bedenken Sie bei einem Besuch, daß während des Monsuns zwischen Januar und März die Sehenswürdigkeiten des Parks zeitweilig gesperrt sein können.

Andere Nationalparks in den monsunalen Tropen Australiens sind Nitmiluk (Katherine Gorge) National Park bei Katherine und Litchfield National Park 125 Kilometer südlich von Darwin. Letzterer hat den Vorteil, daß auch in der Regenzeit alle Straßen befahrbar sind und dadurch die Attraktionen des Parks das ganze Jahr über der Allgemeinheit zur Verfügung stehen.

### Cradle Mtn-Lake St Clair National Park  Gründungsjahr: 1922 Scenic Reserve, 1982 umbenannt in National Park
Größe: 161 000 ha – Besucherzahl: 357 000 – Hauptbesuchszeit: Dezember – März – Anschrift: Cradle Mtn-Lake St Clair National Park, Parks and Wildlife Service, 134 Macquarie Street, Hobart, TAS 7000 – Tel.: (002) 33 3848, Fax: (002) 33 3186

Die landschaftlichen Reize Tasmaniens blieben den europäischen Siedlern nicht lange verborgen. Bereits im späten 19. Jahrhundert begannen kühne Wanderer das Cradle Valley und die Region um Lake St Clair zu erforschen. Überwältigt von der Schönheit des tasmanischen Hochlandes drängten sie schon bald auf die Schaffung eines Schutzgebietes, um zu verhindern, daß die Wildnis den Interessen der Schafzüchter geopfert würde. Im Jahre 1912 baute Gustav Weindorfer, ein Einwanderer aus Österreich, ein Chalet im Cradle Valley, und im folgenden Jahr erschienen an diesem idyllischen Ort die ersten Touristen. Auf Weindorfes Initiative wurde schließlich im Jahre 1922 das Cradle Mountain-Lake St Clair Scenic Reserve gegründet. Mit 64 000 Hektar war dieses Landschaftsschutzgebiet damals der größte Nationalpark in Australien. Zu seiner jetzigen Fläche wurde es erst 1940 ausgedehnt.

In den 30er Jahren richtete man im Cradle Mountain-Lake St Clair Scenic Reserve zwischen dem Cradle Valley und Cynthia Bay am Lake St Clair einen 83 Kilometer langen Wanderpfad ein. Inzwischen ist dieser Weg zu einer Art Nationalheiligtum für wanderlustige Australier geworden, und Tausende von Besuchern aus der ganzen Welt erscheinen hier jedes Jahr, um sich von der Szenerie entlang dem Overland Track verzaubern zu lassen. Der Pfad verläuft größtenteils oberhalb 1200 Meter und ist im australischen Winter tief unter Schnee begraben.

Andere sich lohnende Nationalparks im Südosten Australiens sind: Wilsons Promontory National Park südöstlich von Melbourne, Kosciusko National Park nahe Canberra und der Southwest National Park in der wilden, südwestlichen Ecke Tasmaniens.

### Uluru-Kata Tjuta National Park  Gründungsjahr: 1977
Größe: 132 566 ha – Besucherzahl: 220 000 – Hauptbesuchszeit: Mai – September
Anschrift: Uluru-Kata Tjuta National Park, PO Box 119, Yulara, NT 0872 – Tel.: (089) 562 299, Fax: (089) 562 064

Uluru und Kata Tjuta sind die eingeborenen Namen für Ayers Rock und die Olgas. 1983 wurde das Land um Ayers Rock den Ureinwohnern des Landes zurückgegeben, die im Gegenzug die Region an den australischen Nationalparkdienst verpachteten, damit dieser es in ihrem Sinne und in Absprache mit den Aborigines verwaltet. Um die Besitzverhältnisse und die tiefe Verbundenheit der australischen Ureinwohner mit ihrem Land widerzuspiegeln, entschied man sich, den bereits seit 1977 existierenden Ayers Rock National Park in Uluru-Kata Tjuta umzubenennen.

Im Grunde kommen alle Besucher hier hinaus in die Wüste, um zwei Dinge zu tun: auf Uluru hinaufzuklettern – was die Aborigines nicht erfreut, da der Inselberg für sie ein Heiligtum darstellt – und die Olgas und Uluru im Abendrot leuchten zu sehen. Aber Uluru-Kata Tjuta bietet weit mehr als nur eine kurze Kletterpartie oder eine abendliche Farborgie. Es lohnt sich, den 9,4 Kilometer langen Pfad um Uluru herum zu nehmen. Zahllose Stellen sind von religiöser Bedeutung für die Eingeborenen. Unter Überhängen befinden sich faszinierende Felsmalereien. Und ein herrlicher, sechs Kilometer langer Rundweg führt durch die Felsenschluchten der Olgas. Wenn sie besonderes Glück haben, hat es kurz vor ihrem Besuch geregnet, und die Felsen stehen in einem bunten Blumenmeer.

Ein weiterer sich lohnender Nationalpark im roten Herzen des Kontinents ist Watarrka National Park, 100 Kilometer nördlich von Uluru, dessen bekannteste Attraktion – Kings Canyon – die tiefste Schlucht Zentralaustraliens ist. Eine Reise wert ist auch das Palm Valley im Finke Gorge National Park, 140 Kilometer südwestlich von Alice Springs.

### Flinders Chase National Park  Gründungsjahr: 1919 – Größe: 73 662 ha – Besucherzahl: 90 000
Hauptbesuchszeit: Dezember – Januar, April – Anschrift: Flinders Chase National Park, Dauncey Street (PO Box 39), Kingscote, SA 5223 – Tel.: (0848) 22 381, Fax: (0848) 22 531

Hundert Kilometer südlich von Adelaide verschließt Kangaroo Island den St Vincent Golf. Mit 156 Kilometer Länge ist sie, wenn man von Tasmanien absieht, nach Bathurst Island im hohen Norden des Landes die zweitgrößte Insel Australiens. In unseren Tagen bestimmen Viehweiden und Felder den Charakter des Eilands. Trotzdem stellt es noch immer ein bedeutendes Naturreservat für einheimische Tiere und Pflanzen dar. Dies trifft insbesondere für den Flinders Chase National Park zu, der den gesamten westlichen Teil der Insel einnimmt. Ein 16 Kilometer breiter Meeresarm trennt Kangaroo Island vom Festland, und aufgrund der starken Strömung haben eingeführte Tierarten wie Kaninchen, Katzen und Füchse die Überfahrt nie bewältigt. Insofern wird die Insel häufig auch als australische Arche Noah tituliert. Bereits 1919 begann man hier Tiere auszusetzen, die auf dem Festland in ihren Beständen bedroht waren. Zu den unfreiwilligen Siedlern gehörten Wombats, Emus und Schnabeltiere. Heute ist Flinders Chase National Park einer der wenigen Orte in Australien, wo man ein Schnabeltier in freier Wildbahn zu Gesicht bekommen kann, vorausgesetzt, man bringt die nötige Geduld auf. Auch Koalas verdanken ihre Präsenz auf der Insel der helfenden Hand des Menschen. Inzwischen leben über 1000 Individuen dieser Art auf Kangaroo Island. Sie wurden sogar zum Exportartikel, mit dem man abnehmende Bestände in anderen Bundesstaaten aufstockt.

In Abwesenheit von natürlichen Feinden – selbst Dingos gibt es auf Kangaroo Island nicht – haben viele Tiere in Flinders Chase National Park ihre Scheu verloren. Emus stehlen Sandwiches von Picknicktischen, und das zierliche Kangaroo-Island-Känguruh nimmt von den Menschen nur dann Notiz, wenn dabei eine kleine Mahlzeit herausspringen könnte. Neben seinen Wildtieren gehören die Remarkable Rocks und Admiral's Arch am Cape du Couedic im südwestlichen Zipfel des Schutzgebietes zu den Attraktionen des Nationalparks.

### Karijini National Park  Gründungsjahr: 1969, damals noch Hamersley Range National Park
Größe: 606 597 ha – Besucherzahl: 60 000 – Hauptbesuchszeit: Mai – Oktober
Anschrift: Karijini National Park, P.O.Box 29, Tom Price, WA 6751 – Tel.: (091) 89 8157, Fax: (091) 89 8104

Es ist ein weiter Weg zum Karijini National Park – Perth liegt 1400 Kilometer weiter südlich –, und obwohl seine tiefen Schluchten zum Spektakulärsten zählen, was der Kontinent zu bieten hat, ist den wenigsten Besuchern des Landes dieses Schutzgebiet bekannt. Heute leben nur noch wenige Menschen in diesem wüsten Niemandsland im Nordwesten Westaustraliens, und dies, obwohl die Bevölkerung von Wittenoom, ein kleiner Ort an der Nordgrenze des heutigen Nationalparks, im Jahr 1950 1500 Personen umfaßte. Doch Wittenoom lebte vom Abbau von Asbest. Als die Mine ihre Tore zumachte, entschlossen sich trotz der beachtlichen Zahl von 60 000 Besuchern, die jedes Jahr den Ort als Ausgangspunkt zur Erkundung des Nationalparks benutzen, lediglich 45 Menschen zum Bleiben.

Westaustraliens höchster Gebirgszug, die Hamersley Range, durchzieht Karijini National Park in ostwestlicher Richtung. In diesem Teil des Landes gehört allerdings nicht viel dazu, um als mächtige Bergkette zu gelten. Der höchste Gipfel des Staates, Mt Meharry, liegt lediglich 1251 Meter über dem Meer. Sintflutartige Regenfälle haben im Laufe von Äonen tiefe Schluchten in die Hamersley Range gefressen und Sedimente ans Licht der Welt gebracht, die über zwei Milliarden Jahre alt sind. Im Nationalpark existieren nur wenige Einrichtungen für Besucher. Hierzu gehören aber kleine «Zeltplätze» – wenn man sie als solche bezeichnen will –, von denen man die roten Felsschlunde erforschen kann. Wenn man durch die Entfernung nicht abgeschreckt wird, ist Karijini National Park eine der geeignetsten Stellen auf dem Kontinent, wo man von der Weite und der Unwirtlichkeit des Landes, die insbesondere den Nordwesten des Kontinents kennzeichnen, einen Eindruck gewinnen kann.

Andere lohnende Nationalparks im Westen des Inselkontinents sind der Sterling Range National Park und der D'Entrecasteaux National Park mit seinen 90 Meter hohen Karri-Eukalypten im äußersten Süden von Western Australia.

## Bildnachweis

Umschlag vorne: P. Walton
Umschlag hinten:
D. & J. Bartlett/OSF*

Titelseite: M. Breiter
2/3, M. Breiter
5, M. Breiter
6, M. Breiter
7, M. Breiter
8/9, M. Breiter
10, M. Breiter
12/13, B. Wright/OSF
14, M. Breiter
15, M. Breiter
16/17, M. Breiter
19, M. Breiter
20, M. Breiter
22/23, P. Walton
24 o, K. Atkinson/OSF
24 u, D. B. Fleetham/OSF
25 o, D. B. Fleetham/OSF
25 u, D. Shale/OSF
26/27, P. Walton
28 u, M. Breiter
28/29, P. Walton
30, P. Walton

31 o, Mantis Wildlife Films/OSF
31 u, M. Breiter
32/33, P. Walton
35, P. Walton
36 o und u, D. B. Fleetham/OSF
36/37, P. Walton
38 u, P. Walton
38/39, P. Walton
40, P. Walton
41 o, P. Walton
41 u, K. Atkinson/OSF
42/43, P. Walton
44 o, M. Breiter
44/45, P. Walton
45 o, r und l, K. Atkinson/OSF
46/47, P. Walton
49, P. Walton
50, P. Walton
51, P. Walton
52/53, P. Walton
53 u, M. Breiter/OSF
54, P. Walton
55, P. Walton
56, D. B. Fleetham/OSF
57, P. Walton
59, P. Walton

60/61, P. Walton
62 o, P. Walton
62/63, P. Walton
63 o, P. Walton
64/65, P. Walton
66, B. & B. Wells/OSF
67 o, u, P. Walton
68/69, P. Walton
69 u, D. Clyne/MWF**/OSF
70/71, P. Walton
72, M. Fogden/OSF
73, M. Fogden/OSF
74/75, P. Walton
77, M. Breiter
78/79, P. Walton
80 o, m, u, M. Breiter
80/81, M. Breiter
82 o, u, M. Breiter
83, M. Breiter
84 o r, B. Wright/OSF
84 u l, M. Breiter/OSF
85, P. Walton
86/87, P. Walton
89, P. Walton
90 o, u, P. Walton
91, P. Walton

92/93, K. Aitken/Silvestris
93 u, P. Walton
94/95, P. Walton
96 u, B. & B. Wells/OSF
96/97, P. Walton
98/99, P. Walton
100 o, M. Breiter
100 u, P. Walton
101 u l und r, P. Walton
104 o l, M. Breiter/OSF
104 o r, M. Breiter
104 u, A.N.T./Silvestris
104 r, M. Breiter
105 o, M. Breiter/OSF
105 u l und r, M. Breiter
105 r, R. Kuiter/OSF
106 l, M. Breiter
106 r. o, P. Walton
106 r. u, M. Breiter
107 o. l und r, P. Walton
107 u. l und r, M. Breiter

Umschlag innen:
Foto von M. Breiter von U. Gralher
Foto von P. Walton von R. Walton

\* OSF steht für Oxford Scientific Films
\*\* MWF steht für Mantis Wildlife Films

## Dank

Wie jedes Buch ist auch dieses nicht ohne die Unterstützung zahlreicher Personen entstanden. Der Autor möchte sich insbesondere bei den mit der Öffentlichkeitsarbeit betrauten Angestellten der Australian Nature Conservation Agency in Canberra, des Tasmanian Department of the Environment and Land Management in Hobart, des South Australian Department of the Environment and Natural Resources in Adelaide, des Western Australian Department of Conservation and Land Management in Como und des Queensland Department of Environment in Brisbane für die zur Verfügung gestellten aktuellen Nationalparkdaten bedanken. Der Druck der Karten auf Seite 102/103 erfolgte mit freundlicher Genehmigung des Geschäftsführers der Australian Surveying and Lands Information Group.

Für unermüdliches Korrekturlesen und konstruktive Kritik an den Vorstadien des Manuskripts gebührt besonderer Dank den Mitgliedern des Breiter-Familienclans und Frau Ursula Gralher.

## Australien – Die Naturwunder

Idee und Konzeption für dieses Buch wurden vom Mondo-Verlag entwickelt

Direktion: Arslan Alamir
Grafische und technische Leitung: Horst Pitzl
Grafische Ausführung: Sandrine Feldman

**MONDO**

Adresse: Mondo-Verlag AG
Avenue de Corsier 20, 1800 Vevey
Telefon 021/924 14 50

© 1997 by Mondo-Verlag AG, Vevey
Alle Verlagsrechte vorbehalten
Gedruckt in der Schweiz
ISBN 2-88168-808-X

Satz: Mondo-Verlag AG, Vevey
Druck: Imprimeries Réunies Lausanne s.a.
Fotolithos: Ast+Jakob AG, Köniz
Bucheinband: Mayer & Soutter SA, Renens
Papier: Rochat Papiers SA, Nyon